ÉDUCATIONS
D'ICI ET D'AILLEURS

Les Impliqués Éditeur

Structure éditoriale récente fondée par L'Harmattan, Les Impliqués Éditeur a pour ambition de proposer au public des ouvrages de tous horizons, essentiellement dans les domaines des sciences humaines et de la création littéraire.

Déjà parus

Carn (Michel), *Le marteau et la machette*, roman, 2015.

Perrier (Murielle), *Rouge vif*, roman, 2015.

Cassou (Jean), *École : est-ce vraiment mieux ailleurs ?*, essai, 2015.

Desaulles (Christophe), *Lahraki*, récit autobiographique, 2015.

Paone (Maxime), *Mon Japon*, récit, 2015.

Barbey (Francis), *De qui nous viendra le salut ?*, essai, 2015.

Singou-Basseha (Apollinaire), *Regards croisés sur la littérature congolaise*, essai, 2015.

Devaux (Estelle), *Alice et le chaman de Kolakhouré*, roman, 2015.

Moignoux (Pascale), *Journal d'un Franc-Créole*, récit, 2015.

Cartier (Jean-Michel), *Monsieur Lentard*, quasi-roman, 2015.

Ces dix derniers titres de ce secteur sont classés par ordre chronologique en commençant par le plus récent.
La liste complète des parutions, avec une courte présentation du contenu des ouvrages, peut être consultée sur le site :
www.lesimpliques.fr

Robert Baehrel

Éducations
d'ici et d'ailleurs

Essai

Les impliqués Éditeur

Photo de couverture
© Robert Baehrel

© Les impliqués Éditeur, 2015
21 bis, rue des écoles, 75005 Paris

www.lesimpliques.fr
contact@lesimpliques.fr

ISBN : 978-2-343-07242-5
EAN : 9782343072425

À ma femme, Anne-Marie, le soleil qui, toujours, brille
À mes enfants, Anne et Stéphanie
À mes petits-enfants, Inès, Lina, Alexia, Margaux et Léonie

Avant-propos

La petite Quechuane nous regarde et ne comprend pas que l'on puisse se plaindre. De quoi ? C'est quoi votre malaise ? D'avoir une vie trop facile ? Tandis que des milliards d'êtres humains mènent une vie particulièrement difficile, les Européens connaissent, enfin, une ère de tranquillité et de prospérité, jamais égalée, qui devrait permettre à tous une éducation de qualité. S'ouvrant à toutes les opportunités et menant invariablement à la réussite personnelle. Avec des hommes et des femmes aspirant toujours à changer les choses. Et des habitudes bien précises, comme…

- S'informer soigneusement !
- Réfléchir intensément !
- Décider judicieusement !
- Agir courageusement, avec circonspection !
... en gardant toujours à l'esprit : *Qui ose gagne !*

Encore faudrait-il s'intéresser au fonctionnement de notre formidable cerveau ! À la naissance, nous avons presque tous, pratiquement, les mêmes potentiels cognitifs pour une vie exceptionnelle. Malheureusement, les habitudes et les convenances s'imposent très vite à nous, qui finissons par tenir toujours les mêmes discours, sans beaucoup d'imagination. Par confier nos destinées aux événements et aux autres. Par suivre inlassablement les mêmes autoroutes du cerveau. Alors qu'il y a des chemins de traverse ! Il faudrait évidemment les créer et les entretenir, ces voies secondaires, pour aller voir ailleurs. Se secouer les puces, retrouver la curiosité de départ, la créativité innée que l'Education traditionnelle a réduite au silence. Nous devons être exemplaires pour nos enfants qui nous observent et nous imitent.

Mais, l'envie d'explorer n'est plus là, le ronron familier du quotidien rassure et pousse à la paresse. Et puis, l'inconnu fait peur, on préfère l'éviter. C'est ce qui rend si facile le travail des dirigeants : « *Ne vous inquiétez pas, on s'occupe de tout...* » Et on les laisse faire, docilement, qui nous entraînent souvent n'importe où. *Résiste* chantait, déjà, France Gall dans les années 80.

Et, pourtant, les opportunités sont là, à portée de tout un chacun, si faciles à saisir, qui pourraient changer la vie. En fait, quand on explore des « terres inconnues », quand on se lance dans de nouvelles aventures, quand on s'expose inévitablement à des risques éventuels, le stress apparaît immédiatement. L'adrénaline produite nous dope pour chercher et trouver plus efficacement les solutions aux fins de s'adapter avec succès à ces situations nouvelles. C'est comme ça que l'humanité progresse depuis toujours. *No risk, no reward* (Qui ne tente rien, n'a rien) et *No pain, no gain* (On n'a rien sans peine), comme on dit outre-Atlantique. Le confort, la sécurité, c'est du surplace. Comme l'écrit Jean-Marie Cavada : « *Notre histoire ne prend sens que si nous levons le nez de ce que le sort nous a dévolu.* » Et n'oublions pas le « *N'ayez pas peur* » de Jean-Paul II qui sauva Solidarnosc des fusillades de Jaruzelski. On pourrait ajouter : « *Ne laisse pas la vie prendre le dessus !* »

Vaille que vaille, maintenant que mes activités de retraité se limitent quotidiennement à l'aide aux devoirs au lycée et aux ateliers scientifiques pour les petits, l'esprit enfin libéré des contraintes scolaires, il m'est désormais plus facile de livrer le fond de mes pensées éducatives, de faire part de mes expériences à l'étranger et, surtout, de dénoncer sans ambages les causes évidentes des dysfonctionnements de l'éducation dans notre pays, d'ouvrir des pistes innovantes possibles. Et cela, dans une écriture non académique, lisible par tous, enseignants et parents, inquiets, à juste titre, quant à l'avenir des enfants.

Les enfants naissent programmés pour apprendre

Bien des années se sont écoulées depuis mes débuts dans l'enseignement. J'avais vingt-trois ans et mes élèves de Math Elém au Lycée Français de Vienne n'étaient pas beaucoup plus jeunes que moi. Jouer le professeur de physique-chimie à l'autorité bienveillante, mais craint, ne me convenait pas du tout et n'était même pas possible. J'ai tout de suite senti, compris beaucoup plus tard, qu'il valait mieux épauler que contraindre. Les élèves n'étaient pas des machines à apprendre, mais des hommes et des femmes en devenir, aux vécus différents, à l'abord plus ou moins facile, placés là plus ou moins volontaires...

La seule solution : susciter le plaisir d'apprendre, faire partager la passion pour l'expérimentation, la découverte des phénomènes, leur compréhension. Et c'est vrai, cela a bien fonctionné durant des années...

Mais, premier barrage sur cette route bien dégagée menant apparemment vers un succès incontournable... Ma première inspection par un grand maître incontesté : « *Vous n'y êtes pas du tout, vous vous exprimez avec une telle conviction que vous êtes capable de faire avaler n'importe quoi à vos élèves. Vous devez au contraire susciter le doute, amener les élèves à se poser des questions, à rechercher le pourquoi du comment...* » Aïe, bonjour la didactique de l'Éducation nationale, adieu le plaisir d'apprendre, l'émerveillement de la découverte, la satisfaction de la curiosité naturelle de l'être humain. Il faut être sérieux, étudier dans la froide discipline, se plier aux directives, ne pas faire de vagues en préconisant des façons de faire sortant de l'ordinaire. Ainsi, faire du spectacle avec la participation des spectateurs ne convenait pas ! Apparemment, l'école étouffe, très vite, l'envie d'apprendre et oriente vers la dépendance vis-à-vis des professeurs.

Depuis, l'expérience aidant, ainsi que la lecture de nombreux ouvrages éducatifs, on se rend progressivement compte que la solution pour amener les élèves à partager vos vues réside dans un savant dosage de didactique et d'affectif. Rien n'est plus difficile que d'enseigner. Aussi, désormais à la retraite, le besoin me prend non pas d'écrire mes mémoires, mais de témoigner, de faire connaître mes conclusions, d'indiquer des pistes innovantes. Elles ne sont pas si nombreuses, ces pistes. La motivation en est une, qu'il faut cultiver, indissociable de la réussite. On pourrait d'ailleurs dire que motivation et réussite « se synergisent » et constituent le vrai puissant levier pour apprendre et entreprendre efficacement. Dit autrement, la seule chaîne vraiment rentable pour réussir : une activité qui a du sens, des efforts récompensés et reconnus, donc du plaisir, de la motivation pour persévérer, and, *at the end, you do something you really love to do ! That's the way it works !* (*In fine, vous faites quelque chose que vous aimez vraiment ! C'est ainsi que ça marche !*)

Rappelons qu'à la naissance, nous possédons tous, à peu près, autant de neurones dans la tête pour le stockage des informations à venir. Donc, pratiquement, les mêmes potentiels acquis à la conception. Ensuite, les efforts pour apprendre, pour comprendre, pour se perfectionner multiplient par milliards le nombre de synapses entre ces neurones. L'intelligence résulte des expériences du passé de chacun. L'intelligence, c'est la connectique qui relie les centres d'information et qui permet leur exploitation par les centres de tri ! Quand certaines connexions sont souvent utilisées, de sentiers elles deviennent autoroutes. Les neurones concernés, à leur tour, prennent du volume et font appel aux neurones avoisinants pour mieux traiter l'afflux d'informations. La fontanelle de Blaise Pascal ne s'est jamais fermée. Inventer tout jeune la machine à calculer ne s'est pas fait sans d'intenses réflexions et une préparation paternelle de premier ordre !

Il est vrai que toutes ces années que j'ai connues dans les lycées français à l'étranger et les écoles européennes, avec des élèves triés sur le volet, n'ont rien à voir avec une carrière dans les conditions souvent difficiles rencontrées dans les établissements de France. « *Si vous ne forcez pas les élèves à travailler, ils ne fichent rien* », me disait encore récemment un directeur de collège. Il faut bien sûr reconnaître que beaucoup d'enseignants sont à la peine, attendent la retraite en essayant de survivre ou abandonnent, dégoûtés. Le plus beau métier du monde n'est vraiment pas celui que l'on croit. Faut-il me taire pour éviter tout conflit avec les enseignants ou, au contraire, m'informer toujours et encore, réfléchir, proposer des solutions alternatives ? À cela, il convient d'ajouter que l'on n'a jamais autant écrit sur l'éducation, mais aussi peu fait pour assurer l'avenir des enfants.

Des enfants qui, pourtant, naissent programmés pour apprendre et auxquels il faudrait absolument conserver cette formidable aptitude pour la vie entière et non pas la gâter dès le départ. La mémoire, le traitement des informations, le contrôle des émotions, entre autres, sont des facultés cultivables, améliorables, perfectibles grâce à l'entraînement. Comment maintenir la motivation nécessaire pour déployer l'intelligence ? Disons-le haut et fort, quelle que soit la pédagogie appliquée, l'enseignant motivateur doit apporter deux choses essentielles en classe : l'amour des jeunes et la passion de ce qu'il enseigne. Vous ne pouvez pas changer le monde, mais vous pouvez changer l'école. Enseigner moins, mais enseigner mieux !

Ce qui doit être dit du système éducatif !
Le devoir d'expression !

Après une vie menée tambour battant à l'étranger durant trente-quatre ans, le retour en France est particulièrement décevant, surtout en ce qui concerne la façon d'enseigner. Les constatations évidentes...

- Des institutions gouvernementales, créées par le Général de Gaulle, à sa mesure, totalement inadaptées à notre temps et à une gestion intelligente du pays. Parmi les politiques, beaucoup trop de courtisans qui savent surtout parler et embobiner et qui se sucrent largement. Les ors de la République n'ont rien à envier aux fastes de la Monarchie absolue ou de l'Empire dictatorial ! La gauche ! La droite ! Leur opposition systématique paralyse gravement le pays, compromet un avenir qui pourrait être radieux, rend les Français apathiques, amollis, tristes. Le pays s'enfonce inexorablement, les cerveaux s'enfuient à l'étranger... Qui aura le courage, l'énergie, l'ambition de faire repartir la machine ? Pour l'école : « *Qui sera notre Jules Ferry ?* » écrivait, déjà, Michel Rocard, il y a trente ans.

- L'Éducation nationale, jacobiniste, hypercentralisée,

à l'administration pléthorique, où l'argent public est aveuglément gaspillé, est une énorme entreprise avec un million deux cent mille employés, qui a une telle inertie qu'il est pratiquement impossible de changer quoi que ce soit. « *Des institutions plus préoccupées de leur propre reproduction que de permettre aux individus de grandir et de se rencontrer.* » Comme l'écrivent Philippe Meirieu et Michel Develay dans *Emile, reviens vite... ils sont devenus fous*. Depuis des décennies, un nouveau ministre tous les deux ans, voire tous les ans. Qui détricote ce qu'a fait le précédent. L'alternance gauche-droite, une catastrophe pour notre pays. Aucune continuité possible, aucune évolution solide et durable. Peu de ministres sont parvenus à laisser leur marque. Pour avoir voulu dégraisser le mammouth, Claude Allègre a même dû démissionner. Surtout, ne pas se faire trop remarquer ! Délicat pour un gouvernement de risquer une grève de l'EN. L'immobilisme est de mise ! Et ne parlons pas du sport national, la chicanerie des politiques, cramponnés à leurs préjugés, qui criticaillent systématiquement et qui bloquent tout. Manifestement, l'organisme est définitivement ingérable et gravement improductif. La liste des dysfonctionnements est consternante...

- Une université vieillissante, larguée par les Grandes Écoles. Par an, 7000 euros investis par étudiant en fac versus 60000 euros pour un élève de l'X. Des métiers manuels considérés comme des sous-métiers. Des formations pour adultes inefficaces, avec des gaspillages insensés. Des lycéens pour lesquels les cours particuliers se généralisent. Des apprentissages réservés aux ados en échec scolaire. Un collège unique, unique en Europe, où trop d'élèves n'étudient que contraints et forcés, avec absentéisme, décrochage scolaire, frustration et agressivité. Collège reconnu en haut lieu comme étant le plus inégalitaire d'Europe, avec un écart entre bons et moins bons élèves qui se creuse d'année en année. Une école primaire où tout se joue pour les enfants et qui devrait être la priorité des priorités, mais où l'emporte trop souvent l'autoritarisme impuissant, avec des maîtresses obligées de crier pour maintenir l'attention. Avec, pour beaucoup d'enfants, de mauvais résultats en français et en mathématiques. Et, pour clore ce bilan dramatique, des maternelles, qui, déjà, étiquettent et discriminent sans vergogne par des évaluations obligatoires. Le clivage social commence très tôt chez nous et se renforce à chaque étape. Notre école génère beaucoup trop d'inégalités. D'ailleurs, on entend souvent cette question : « *Les dons pour les études sont-ils réservés aux enfants des élites ?* »

- Une école qui ne tient pas compte, dans ses pratiques, du fonctionnement du cerveau. Non seulement, elle laisse des millions de cerveaux sous-développés, mais, en raison du stress chronique dû aux épreuves mal préparées, elle cause des millions de cerveaux définitivement meurtris, en particulier au niveau de l'hippocampe, seul capable de neurogenèse. Dans les conditions actuelles, l'école malmène un grand nombre d'élèves et c'est inacceptable.

- Un système éducatif qui, apparemment, privilégie les professeurs au détriment des élèves. Avec des professeurs qui constituent un puissant groupe de pression, intouchable. « *Dont le premier objectif est d'obtenir des heures, le plus d'heures possible dans chaque discipline ! Le second est de se voir reconnaître un poids suffisant dans le baccalauréat.* » Comme l'écrit, avec raison, François de Closets. Et les élèves croulent sous des programmes démentiels et des horaires insensés. Dont il ne restera pas grand-chose quelques années plus tard. Trop souvent, un enseignement frontal en fâcheuse inadéquation avec les véritables capacités d'enregistrement d'une majorité d'élèves. « *Ici, l'on peut gâter un homme sans qu'il n'en coûte rien...* », comme l'écrivait Molière dans *Le malade imaginaire*. Et, conséquemment, beaucoup d'enseignants, également, sont à la peine et vivent un métier vraiment difficile. « *Maladroit, prisonnier d'un système qui le contraint à agir en dépit du bon sens, il n'a pas l'opinion publique pour lui. Sa mission semble impossible. Sa position intenable.* » Tiré du livre *Changer l'école, un pari possible* de Robert Baehrel et Walter Henderson.

Dans le même temps, des millions d'apprentis suisses, allemands, autrichiens, entre autres, sont, à vingt ans, qualifiés, responsables, autonomes et participent pleinement à la réussite des entreprises outre-Rhin. De plus, des passerelles leur offrent l'opportunité d'entrer à l'université pour parfaire leurs connaissances. En Écosse, les community schools, bien équipées, accueillent et accompagnent les ados des quartiers difficiles, où les taux de chômage sont élevés. À York, tous les élèves étudient, de manière autonome et différenciée, à l'aide de fiches de travail adaptées à leurs niveaux, dans des centres de documentation bien achalandés. Des questionnaires à disposition permettent de tester régulièrement les connaissances acquises, à l'abri du regard d'autrui, en toute honnêteté. Personne ne triche. Les élèves veulent savoir exactement où ils en sont. Le cours frontal n'existe plus en Grande-Bretagne depuis 1960. Le baccalauréat y est à unités capitalisables, c'est-à-dire que l'on peut passer les épreuves sur plusieurs années et bien s'y préparer. En Italie, les classes ne doivent pas dépasser 24 élèves. À l'École Européenne de Munich, si vous vous contentez de faire vos cours, sans plus, vous êtes rapidement viré, sans ménagement. Il faut s'investir, innover, participer pleinement à la vie de l'établissement, pour le plus grand bonheur de tous et le succès des élèves, dont la motivation est là, bien assurée. Bien sûr, cela suppose de dépasser largement les trente-cinq heures. Au Canada, les départements scientifiques des universités sont souvent financièrement autonomes, parce que l'industrie leur confie des travaux de recherche bien rémunérés, c'est-à-dire que les universités travaillent pour le privé et gagnent ainsi de l'argent. En Suisse, l'enseignement est complètement géré au niveau cantonal, à la satisfaction de tous. En Allemagne, il l'est au niveau des Länder. Les futurs enseignants y étudient autant la psychologie que les deux matières qu'ils auront à enseigner. Mathématiques et histoire par exemple. Dans de nombreux pays, les enfants sont heureux d'aller à l'école et pas seulement pour retrouver copains et copines. Qu'y a-t-il à redire à cela et qu'attend-on pour faire pareil ? Il faut absolument casser notre immobilisme intolérable, causé par nos politiques coincés dans leurs jeux de rôle, lutter contre ceux, les nantis, qui veulent que rien ne change et s'obstinent à maintenir la société en l'état, avec son clivage social. Que de controverses qui empêchent toute avancée raisonnable et légitime ! Changer l'école, c'est possible ! Nous avons des devoirs envers les générations futures !

Cependant, en conclusion, pour envisager positivement l'avenir, il nous faut absolument souligner l'importance des formations méritoires qui mènent aux BTS ou aux DUT. Le BTS, Brevet de Technicien Supérieur, et le BTSA, Brevet de Technicien Supérieur Agricole, se préparent en alternance sur deux ans après le baccalauréat. Les BTS restent un moyen relativement rapide d'accéder à une bonne qualification professionnelle. Et les élèves y sont bien motivés. Bravo ! Les IUT, Instituts Universitaires de Technologie, préparent leurs étudiants à la fois à une insertion professionnelle immédiate, à Bac+2 ou à Bac+3, et à la poursuite d'études longues, en France ou à l'étranger. « *Avec des diplômes construits à la fois par des universitaires et par des professionnels, les IUT offrent aux étudiants des connaissances pluridisciplinaires solides et des compétences professionnelles précises pour réussir intelligemment dans l'enseignement supérieur et répondre efficacement aux besoins des entreprises. Avec l'IUT, vous pouvez intégrer l'université tout en entrant dans la réalité.* » Bernard Lickel, Président de l'Assemblée des Directeurs d'IUT.

Des citations à lire et à relire...

« *Hâtez-vous lentement, et, sans perdre courage, Vingt fois sur le métier remettez votre ouvrage, Polissez-le sans cesse et le repolissez, Ajoutez quelquefois, et souvent effacez.* » Conseil de Boileau pour bien écrire, tout à fait applicable au savoir-faire, tout au long de la vie ! On connaît également : « *Ce qui se conçoit bien s'énonce clairement et les mots pour le dire vous viennent aisément...* » Pas toujours, hélas !

« *Qu'il ne sache rien parce que vous le lui avez dit, mais parce qu'il l'a compris lui-même ; qu'il n'apprenne pas la science, qu'il l'invente. Si jamais vous substituez dans son esprit l'autorité à la raison, il ne raisonnera plus ; il ne sera plus que le jouet de l'opinion des autres.* » Jean-Jacques Rousseau, *Émile ou de l'éducation*, 1762... Toujours d'actualité !

« *Développer chez l'apprenant la faculté d'acquérir lui-même les lumières, le rendre instruisable.* » Et l'on a envie d'ajouter : lui laisser de l'espace et du temps pour qu'il puisse construire lui-même ses savoirs et son savoir-faire.

Se taire pour le laisser réfléchir. S'effacer pour qu'il puisse se prendre en main et s'élever. Malheureusement, trop souvent... « *On ne cesse de criailler à nos oreilles, comme qui verserait dans un entonnoir ; et notre charge, ce n'est que redire ce qu'on nous a dit. Certes, on nous rend servile et couard, pour ne nous laisser la liberté de rien faire de soi... L'enfant n'est pas un vase qu'on remplit, mais un feu qu'on allume.* » Montaigne, 16e siècle.

La Bruyère à propos des propres à rien, 1690. « *Ainsi la plupart des hommes occupés d'eux seuls dans leur jeunesse, corrompus par la paresse ou par le plaisir, croient faussement dans un âge plus avancé, qu'il leur suffit d'être inutiles ou dans l'indigence, afin que la république soit engagée à les placer ou à les secourir ; et ils profitent rarement de cette leçon si importante, que les hommes devraient employer les premières années de leur vie à devenir tels, par leurs études et par leur travail, que la république elle-même eût besoin de leur industrie et de leurs lumières, qu'ils fussent comme une pièce nécessaire à tout son édifice, et qu'elle se trouvât portée par ses propres avantages à faire leur fortune ou à l'embellir.* »

Tiré du livre *Blaise Pascal ou le génie français*, de Jacques Attali, à propos de l'éducation des trois enfants d'Étienne Pascal, le père de Blaise. « *Ses enfants n'iront pas à l'école. Il sera leur maître unique. Élève lui-même des bonnes écoles clermontoises et de l'Université parisienne, Étienne a connu leurs ravages. Il a beaucoup réfléchi à l'éducation et mis au point des méthodes pédagogiques incroyablement en avance sur l'époque, inspirées de Rabelais et de Montaigne... Tout doit venir naturellement. Étienne n'enseigne rien d'autorité. Il souhaite éveiller et cultiver chez ses enfants le désir de comprendre, de trouver eux-mêmes une réponse, de réinventer un savoir. Rien n'est enseigné qui n'ait sa cause et sa fonction. Rien n'est donné à apprendre dont on n'ait compris la raison d'être. Blaise ne se rebellera jamais contre cette éducation dont il gardera toujours la nostalgie. Il y a appris ce juste milieu et ce parfait tempérament qui ne permet que de décider des choses évidentes et qui défend d'assurer ou de nier celles qui ne le sont pas.* » Précisons qu'Étienne était également passionné de mathématiques et de physique à une époque où ces deux disciplines étaient encore bien balbutiantes. Il a ainsi ouvert une voie royale à son fils Blaise...

Et une citation pleine de sens d'un chanteur connu à propos du poker : « *L'important, ce ne sont pas les cartes, c'est ce qu'on en fait.* » Récemment, une maman me disait en riant : « *Mon fils n'est pas doué pour les études…* » A-t-elle fait son maximum pour qu'il s'en sorte mieux ? Peut-être, ou peut-être pas.

« *Un système qui a perdu le sens du long terme et des atouts stratégiques de notre pays* », Anne Lauvergeon.

« *Le bon sens des hommes est systématiquement corrompu. Et les coupables se nomment : école, presse, monde des affaires, monde politique. L'enseignement devrait être ainsi : celui qui le reçoit le recueille comme un don inestimable, mais jamais comme une contrainte pénible. Il ne suffit pas d'apprendre à l'homme une spécialité. Car il devient ainsi une machine utilisable et non une personnalité. Il importe qu'il acquière un sens pratique de ce qui vaut d'être entrepris, de ce qui est beau, de ce qui moralement droit.* » Albert Einstein, *Mein Weltbild*.

« *En dépit de timides efforts pour développer l'aptitude à penser, les responsables de l'Éducation se préoccupent peu de promouvoir l'enseignement du penser et de la pensée créative. Selon eux la créativité relève du domaine de l'art ; c'est une question de talent et rien d'autre. Cette vision surannée est digne du Moyen Âge.* » Edward de Bono, *Serious creativity*.

« *Si vous voulez réussir dans la vie, il faut travailler, travailler, travailler.* » Roman Polanski, à mes enfants, dans sa loge, après la représentation de *La Métamorphose*, où il jouait le rôle particulièrement physique de Gregor Samsa. La continuité dans l'effort !

Que pensent les Allemands de leur système éducatif ?

« *Skandale Schule : macht lernen Dumm ?* »
Émission sur la ZDF (deuxième chaîne allemande) du 2 septembre 2012 (traduction des thèmes majeurs). Richard David Precht (le Yves Calvi d'outre-Rhin) interroge Gerald Hüther (Hirnforscher und Schulkritiker = spécialiste du cerveau et de l'école). À comparer avec l'émission de *C dans l'air* : « *L'école fabrique-t-elle des cancres ?* »

- Le système éducatif géré au niveau des Länder (régions) est dépassé, inefficace, inadapté à notre époque. *Eine Katastrophe !* Un élève qui passe l'Abitur a derrière lui cent mille heures d'études dont il ne restera pas grand-chose quelques années plus tard. Un gaspillage inacceptable. Il faut un système qui évolue pour s'adapter à l'époque et non pas une école qui casse la créativité et l'envie d'apprendre dès le plus jeune âge. On n'étudie que pour les examens et, ensuite, on s'empresse de tout oublier. L'école fait « bouffer » des connaissances comme on remplit un tonneau.

- Beaucoup de parents pensent ceci : quand on est sorti de

l'école sans trop de casse, on s'imagine que le système éducatif fonctionne bien. Que les enfants n'auront pas de difficultés à trouver un emploi dans leur voie. Une mentalité actuelle due à la peur du chômage, des Chinois, etc. La seule solution = Abitur + études supérieures.

- Des propositions vont dans le sens d'une transformation du système pour une gestion au niveau des communes. Il faudrait que les équipes d'enseignants ne se limitent pas à la transmission de leurs connaissances, mais fassent plutôt un véritable accompagnement individualisé. Donner confiance, donner envie d'aller à l'école, voilà une mission louable. Mettre en place un cadre, des conditions pour motiver les élèves, les rendre vraiment actifs. Faire de petits groupes. Les élèves doivent se sentir libres et non obligés de venir à l'école. Les études doivent avoir du sens pour l'élève.

- Rappel : plus de 10 % des élèves deviennent des citoyens à la charge des autres (drogue, alcoolisme, chômage, prison, etc.). Le système éducatif a un coût tellement élevé que l'on ne peut plus se permettre toutes ces dépenses insensées.

- Tous les gosses ont des talents, mais l'école n'en tient pas compte. Vous êtes dans les normes, sinon vous êtes rejeté. L'école doit respecter chaque aptitude. Le cadre doit aider chacun à aller au maximum de ses possibilités. Le cerveau de l'élève n'est pas un tonneau à remplir. Alexander von Humboldt, le naturaliste et voyageur qui a précédé Charles Darwin avec ses observations et ses découvertes le long des côtes du Pacifique et qui a été ministre de la Formation en Prusse, le disait déjà il y a plus de deux siècles.

- Une question fondamentale : pourquoi éduquer nos enfants ? L'enfant est une personnalité avec un corps, une sensibilité, une expérience, un passé, des émotions, des goûts. Sa construction dépend des relations qu'il a avec les autres, avec les objets qui l'entourent, dépend des idées auxquelles il est confronté. Il ne retiendra que ce qui l'a marqué. Seul l'accompagnement compréhensif peut permettre un développement harmonieux. Si l'école éveille la passion d'un élève pour un domaine dans lequel il pourra s'épanouir plus tard, elle fait du bon travail.

- Quant à la mondialisation, l'école est impuissante à former des capacités productives efficaces. Il faut absolument développer les potentiels de chacun pour une orientation vers un cursus plus précis, plus adapté, mieux dirigé. L'industrie l'a compris depuis longtemps. Après le recrutement des cadres par exemple, un an de formation plus pointue est proposé, souvent à l'étranger.

- Faut-il aller jusqu'à modifier la constitution pour ériger un nouveau système éducatif ? Les politiques changent sans cesse, ce qui explique leur incapacité à modéliser le système sur le long terme. Un système centralisé ne convient pas. La gestion doit se faire au niveau des communes.

- Gerald Hüther : « *Quand il y a des problèmes, il y a toujours des solutions ! Une certitude, avant six ans, notre système éducatif aura beaucoup changé.* » Commentaires d'une téléspectatrice : « *Noch nie hat man so viel über Kinder und ihre Bedürfnisse geredet, noch nie hat man sich so wenig gekümmert.* » On n'a jamais autant parlé d'éducation et jamais aussi peu fait pour l'avenir des enfants.

Vers des générations futures intelligentes et sereines

Grâce à une éducation sérieuse et efficace dès la naissance et même avant ! Apparemment, cela devient désormais possible. La vie ne nous a jamais été aussi favorable. Il faut dire que, depuis son avènement, l'humanité en a bavé. Des guerres incessantes, des conflits, des rivalités, des mariages ratés, les épidémies, l'insécurité, la peur, l'ignorance qui fait croire n'importe quoi ! Tout cela a pourri la vie des hommes durant des millénaires. Jusqu'à présent, peu d'humanistes, peu de preux, mais des patriciens arrogants, méprisants, qui exploitent sans vergogne une plèbe soumise, crédule et obéissante. Foin de la hiérarchie et de ces chefs incompétents auxquels le pouvoir monte à la tête ! Trop de truands, trop de pleutres dans cette jungle humaine. Peu d'intelligence, peu de raison dans tout cela ! Mais cela pourrait changer, comme on le voit en ce moment avec un Premier ministre intègre et déterminé et une ministre de l'Éducation, réformatrice à souhait, qui veut en finir avec l'élitisme exacerbé de notre système éducatif. Et Emmanuel Macron, interviewé en direct sur CNN, à Washington, défendant ses idées et ses objectifs avec brio et dans un anglais parfait, a de quoi réveiller l'espoir dans l'avenir. Il faudrait vraiment supprimer l'Élysée, qui ne sert à rien qu'à inféoder...

- À l'instar de tout être vivant, même avec la famille, les amis, les associations, la sécurité sociale, l'être humain est quand même bien seul, exposé à tous les dangers, et vit sans cesse dans la peur des incertitudes. Alors, pour donner le change, tout le monde fanfaronne. C'est fou l'importance que l'on donne aux apparences pour faire croire que... Bien sûr, l'amour, l'amitié, la considération des autres, l'argent, ça aide. Mais le véritable capital de tout un chacun reste un corps sain équipé d'un formidable cerveau. Un cerveau dont nous commençons seulement à étudier le fonctionnement prodigieux. Un cerveau qui peut déjouer bien des adversités. Une chose est sûre, grâce à une formation judicieusement menée, ce capital peut être considérablement valorisé, peut être exploité au mieux et permettre une vie particulièrement intéressante, voire exceptionnelle. D'ailleurs, des millions de parents l'ont compris, qui pratiquent une éducation si possible hors normes. Même si vous avez décidé, comme beaucoup, de vous réfugier dans ce bien-être fragile et illusoire d'une France monarchique en déclin, ne condamnez pas, par paresse et insouciance, vos enfants à la platitude, au chômage, à la précarité, à un avenir difficile et incertain. La synthèse corsée des pages 223-226 du livre *Poison Présidentiel* de Ghislaine Ottenheimer se passe de commentaires et met les pendules à l'heure. Donc, il y a des livres à lire qui vous apprennent ce qui se passe dans le cerveau lors des apprentissages. Votre rôle est essentiel. On ne fait pas des enfants pour faire joujou avec et les montrer avec fierté aux voisins. C'est vrai, une naissance est un véritable miracle, surtout si le nouveau-né est en parfaite santé. Mais l'engagement doit être à la mesure de ce miracle. Ce qui compte, c'est le résultat vingt ans plus tard, un adulte devant une vie bien réglée et prometteuse ou un chômeur sans qualifications pertinentes.

- Durant la gestation, tous les cerveaux se constituent de la même manière et ont sensiblement les mêmes potentiels. C'est-à-dire des millions de milliards de neurones parés pour les enregistrements à venir. Tous les bébés sont approximativement sur la même ligne de départ. Et même si le nombre de neurones peut varier d'un bébé à l'autre, il y en a tellement que les différences ne sont pas notables. Ce qui va tout changer d'un enfant à l'autre, ce sont la formation, les parcours différents, les influences, les informations perçues et enregistrées. D'où des caractères, des comportements et des aptitudes individuels.

- Le bébé vient au monde, tous ses capteurs visuels, auditifs, sensoriels et autres en perception maximale, même si cela n'est pas évident. Son cerveau se dote immédiatement, et même avant la naissance, de milliards de milliards de dendrites et d'axones envoyés par les neurones tous azimuts pour former des synapses avec les voisins et convoyer les informations reçues par les capteurs sensoriels vers les secteurs prévus à cet effet. Des parties du cortex spécialisées pour la vue, l'ouïe, le toucher et, surtout, le « dispatcher » en forme d'hippocampe sont en pleine action. Relativement aux animaux dont le cerveau est surtout constitué d'instinct inné, le petit d'homme doit apprendre. Dès les premiers mois, il optimise sa capacité de perception. Dans l'apparent chaos cérébral, des structures se mettent en place. De sentiers, les connexions souvent utilisées deviennent autoroutes. Les neurones souvent sollicités se développent et s'associent en réseaux pour traiter et emmagasiner les informations qui affluent sans cesse. Tout cela est activement autogéré très efficacement. Rien à voir avec un ordinateur passif qui ne peut rien sans logiciels.

- Mais, déjà, les connexions et les neurones non utilisés s'autodétruisent par millions. La nature est dure pour ce qui est inutile et s'en débarrasse. C'est terrible de constater cela. Des millions d'enfants peu suivis perdent ainsi, de manière définitive, une partie de leur capital cognitif. Des expérimentations récentes ont montré que la stimulation précoce, dès l'âge de trois mois, par des jeux et un environnement appropriés, permet de développer l'envie et la capacité d'apprendre. Qui apparaissent vers deux ans bien supérieures à celles d'enfants « placebos » éduqués de manière ordinaire. On peut y ajouter des talents supérieurs à la moyenne, en créativité, en musique, en dessin, en lecture, en calcul, en compréhension, etc. Ces enfants sont souvent considérés par la suite comme surdoués.

- Et le rôle de l'école dans cette construction cérébrale ? Malheureusement, cette Éducation dite nationale, assurément élitiste, scinde sans pitié notre population scolaire en deux. Et cela, dès la maternelle où, déjà, des évaluations étiquettent les enfants. Notre système éducatif vise plus que tout autre au monde l'excellence. Mais seuls peuvent en bénéficier les enfants bien nés, promis à une vie bien réglée. Suivre les cours, atteindre les niveaux imposés sont hors de portée pour des millions d'élèves. Et la généralisation des cours particuliers payants creuse encore davantage le fossé entre nantis et laissés-pour-compte. Ce système totalement inégalitaire, qui convient parfaitement à nos dirigeants et à leurs enfants, fait que les nantis sont de mieux en mieux pourvus et honorés et que les délaissés peu qualifiés finissent par pointer à un Pôle emploi illusoire. En France, un taux de chômage particulièrement élevé et qui ne cesse de croître, c'est absolument inacceptable !

Notre école en est gravement responsable, qui envoie sur le marché du travail, et bien plus qu'ailleurs, des millions de jeunes insuffisamment formés. Quant aux notes, dont on parle beaucoup en ce moment, les gosses des beaux quartiers les apprécient parce qu'elles sont presque toujours bonnes. Pour les enfants des bas quartiers, elles sont décourageantes et traumatisantes parce qu'elles sont presque toujours mauvaises. Dans les pays nordiques, pas d'évaluation avant douze ans !

- Il faut aussi dire et redire que, partout dans le monde, la fonction de l'école imposée par les dirigeants n'est pas que l'apprentissage de la lecture, de l'écriture, des mathématiques, etc. Il s'agit même avant tout de « socialiser », de discipliner, de tracer dans les jeunes cerveaux des autoroutes à suivre sans discuter. Or, les jeunes esprits aiment bien vagabonder, emprunter les chemins de traverse, explorer... Que nenni, la maîtresse, le professeur se doivent d'être autoritaires. Les classes doivent marcher au pas. Entre les mains des gouvernements, l'école est un instrument de conditionnement, de contrôle des esprits. Déjà en 1881, Jules Ferry, en créant l'école obligatoire et autoritaire, avait également en tête de former les soldats de la revanche, entraînés à obéir aveuglément aux ordres des officiers fanatisés. Les instituteurs étaient appelés les « hussards noirs » de la République. Allusion à la Grande Guerre qui se préparait ardemment. Dans le même temps, dans les écoles allemandes, on prônait l'amour de la patrie pour résister aux animosités françaises. Metz, ville allemande, était en 1914 la place forte la mieux défendue du monde ! L'école à ses débuts a été gravement responsable des hécatombes qui ont suivi. Rappelons qu'en pays germanophones, le vif ressentiment envers les Français remonte aux exactions commises outre-Rhin, durant des siècles, par les armées françaises de Louis XIV, de Louis XV et, surtout, de Napoléon - der Menschenfresser, l'ogre -, totalement insensible aux pertes humaines lors de ses conquêtes. Essentiellement pour le pillage et la gloriole des patriciens vaniteux. Ensuite, d'humiliations en revanches... on connaît l'Histoire. Ce ressentiment réciproque, malheureusement, perdure toujours encore. Heureusement, il y a Erasmus ! Et puis, « *sacrifier dans les écoles l'enseignement de l'instruction civique à la pratique du self-government* », comme le conseille Jean Piaget, serait assurément une bonne initiative.

- Contrairement à tous ces tests d'intelligence plus ou moins fallacieux qui sont proposés un peu partout, PISA, dans des établissements scolaires pris au hasard, emprunte une voie originale, en testant non pas les savoirs boulimiques, mais la capacité à penser juste et bien. « *Dans le programme PISA (Program for International Student Assessment), il s'agit plus d'évaluer la façon dont les jeunes sont capables d'exploiter leurs connaissances dans la pratique quotidienne que leur niveau théorique dans tel ou tel domaine des sciences ou des lettres. Les objectifs sont d'identifier, en particulier, la motivation des élèves, l'estime qu'ils ont d'eux-mêmes, les stratégies d'apprentissage qu'ils mettent en oeuvre.* » (Wikipédia.org) Bravo ! Va-t-on enfin vers un développement harmonieux des facultés cognitives ?

- Un mot à propos du rattrapage par la formation continue. Les formations accélérées pour recycler les chômeurs de longue durée, ça ne marche pas ! Des milliards sont gaspillés inutilement. Quand on est délibérément mis sur la touche, que l'univers s'écroule autour de vous, que le moral est au plus bas, on n'a vraiment plus envie de se mettre aux études. Surtout quand on a, depuis l'enfance, une mauvaise image de l'école, à l'action délétère ! « *Les ravages de l'école* », Étienne Pascal en parlait déjà il y a quatre siècles ! Il faut avant tout que l'école fasse son boulot et produise de la compétence et de la créativité pour tous. Sinon, le pays est irrémédiablement condamné au déclin. C'est incroyable que nos élites, aveuglées par leur égoïsme, ne s'en rendent pas compte. D'autant qu'ils sont nombreux, nos anciens élèves des Grandes Écoles, qui ont coûté très cher aux contribuables, à ficher le camp à l'étranger, où on se les arrache.

Nos connaissances du cerveau s'améliorent à la vitesse grand V depuis quelques décennies. Nous comprenons de mieux en mieux les mécanismes de l'apprentissage. L'éducation et l'enseignement en seront bientôt assurément les grands bénéficiaires, pour des générations plus raisonnables. Du moins on peut l'espérer. La circulation de l'information, facilitée par internet et la télévision, rend intolérable l'égoïsme des élites, peu partageuses et assurées de vivre bien, grâce à leur formation de pointe, au détriment de la majorité, dite silencieuse. Et puis, il y a toutes ces affaires de corruption qui entachent pratiquement tous les milieux dirigeants. Pour beaucoup, c'est considéré comme normal. L'éthique, ça vous dit quelque chose ? Faudra-t-il encore, comme d'habitude, lever des barricades ? La vie est fractale, imprévisible, sauvage. Le chaos peut nous tomber dessus à tout moment. Aussi, vaudrait-il mieux prévenir que de tenter de réparer des dégâts devenus, peut-être, irrémédiables ! « *Please, secure a better future* », comme dit Christine Lagarde, Directrice du FMI.

Bonjour Bébé !

À sa naissance, le nouveau-né, que connaît-il de la vie ? Des sensations plutôt agréables, comme flotter dans un bain bien chaud, qui sent bon, en apesanteur, avec le ronronnement régulier, rassurant des battements de cœur de Maman. Et puis, soudain, sans prévenir, c'est la Bérézina qui, rappelons-le quand même, est une grande victoire.

Venir au monde, c'est à l'évidence plutôt inattendu et contraignant. Des premières impressions très désagréables, incompréhensibles. Pour la première fois de sa vie, Bébé a peur, il ne comprend rien, il crie, ce qui lui sauve la vie, grâce au stress qui apparaît dès qu'une menace se présente et c'est bien le cas ici. L'adrénaline envahit son corps, lui fouette le sang pour faire face à ce changement. Il crie, bat des bras et des jambes comme pour repousser cette adversité inopinée. Eh oui, Bébé, les apprentissages commencent ! Les étapes seront à peu près toujours les mêmes, le stress devant une situation nouvelle qu'il faut chercher à contrôler, la peur qu'il faut surmonter, la dopamine du bien-être quand on s'en sort et que le soleil réapparaît...

Effectivement, le calme revient, une odeur connue, une voix consolante dont certains accents lui reviennent, il enserre un doigt qu'il ne lâche plus... Maman ! Et sa curiosité s'éveille... C'est quoi, ce nouvel environnement ? Des sensations nouvelles, des images encore floues, des sons bigarrés, des odeurs inconnues, de la chaleur douce, pas partout comme avant, la pesanteur... Le cerveau enregistre à toute vitesse... Les milliers de milliards de neurones sont à la fête et cherchent à communiquer avec leurs voisins. Dix millions de nouvelles connexions par seconde à condition qu'on ne me laisse pas pleurer sans fin dans un coin et que le bien-être que l'on m'a supprimé d'un coup semble revenir. *« Je ne connais pas la ruse, ni la manipulation. Quand je pleure, c'est parce que j'ai un problème que je ne comprends pas. J'ai besoin que l'on m'aide, que l'on me rassure, que l'on m'aime. J'ai besoin d'empathie, c'est-à-dire que l'on cherche à me comprendre. Que l'on me manifeste de l'intérêt, que l'on me parle, que l'on ne me considère pas comme une "chose" sans conscience ni sensibilité. Tout ce que je vis depuis le jour de ma conception a une influence et reste gravé dans toutes les cellules de mon cerveau et de mon corps tout entier. »*

Le cerveau commence ainsi sa construction pour s'informer, sentir, comprendre, agir. Le petit d'homme a tout à apprendre, contrairement aux animaux, qui savent déjà plein de choses à la naissance. Il en faudra des tâtonnements hasardeux, des cheminements plus ou moins longs, des situations inconnues à maîtriser ou à éviter par la suite, des rencontres plus ou moins positives, des expériences plus ou moins réussies... Tout laissera des traces plus ou moins profondes. Traces dues aux réactions au stress, contrôlées ou non. Certaines impressions seront particulièrement marquantes. Des milliards de milliards de nouvelles connexions et de structures cérébrales vont se former tout au long de la vie. Certaines vont se renforcer quand elles correspondront à des apprentissages utiles, d'autres s'autodétruiront parce qu'inutiles. Cela s'appelle la neuroplasticité.

Ce que les enfants ont dans la tête, c'est ce que l'on y a mis. Ce que l'on n'y trouve pas, c'est ce que l'on n'y a pas mis. Il n'y a pas de générations spontanées pour les caractères, les défauts ou les aptitudes. Ce sont les parcours, les influences, les expériences, et donc le développement cérébral qui s'ensuit qui détermineront les comportements, les talents, la créativité du futur adulte. Dire que certains possèdent des structures cérébrales supérieures, innées, inscrites dans l'ADN de la conception, à ce jour, rien ne le prouve...

Le bébé a énormément besoin des autres. Le lait maternel et l'amour des parents sont irremplaçables et conditionnent toute la vie future du nouveau-né. Un enfant que l'on néglige n'avance guère et prend un retard difficile à rattraper par la suite, souvent définitif. Durant les premières années, le cerveau est rendu performant par les soins attentifs des parents. Ensuite, lors de la formation, c'est dans la difficulté qu'il fonctionne à plein rendement, qu'il se développe de manière optimale. Le succès du futur adulte, sa confiance en lui ou sa vulnérabilité dépendront essentiellement de son courage à surmonter les épreuves de la vie et de l'exemplarité de ses parents et de ses enseignants. Et, avant tout, bien sûr, il doit disposer d'une santé de fer pour bénéficier d'un fonctionnement cérébral optimal et être à l'aise dans la vie. Là, également, les parents sont largement responsables.

Parents motivateurs... merci !

- Le bambin de quinze mois, anoraké et bonneté d'hiver, courait partout, criant sa joie à essayer sa toute nouvelle locomotion... Assis sur un banc dans le hall de la MJC d'Évian, j'attendais les treize enfants de l'atelier scientifique que j'anime avec Lahoussine le jeudi à dix-sept heures... Il fallait s'y attendre... la chute ! Et le bambin qui hurle, la joue collée au carrelage, les bras en croix. Qu'est-ce qui m'a pris d'appuyer sur l'épaule de la maman assise à côté de moi et qui s'apprêtait à bondir au secours du dernier-né. Bloquée, elle était ! Par mon geste, mais aussi par mon culot ! Et le bambin, tout à sa colère, qui crie de plus en plus fort, cinq secondes, dix secondes. Et puis... « *Comment ça, personne ne vient ? Bon, si c'est comme ça !* » Et le voilà qui se relève et repart à courir de plus belle, comme si de rien n'était ! Je me tourne vers la maman, qui n'a pas bougé : « *Je suis fier de vous !* » lui dis-je, et nous retrouvons le sourire après un moment de tension, il faut bien l'avouer. Former les petits à la maîtrise de soi est essentiel pour leur réussite !

- Parents motivés, avez-vous vu ces documentaires sur

France 5 ? « *L'école fabrique-t-elle des cancres ?* » par Yves Calvi et « *L'école à bout de souffle* » par Carole Gaessler. Avec des propos comme : « *Sans le soutien énergique des parents, les enfants ne peuvent pas s'en sortir à l'école* » et « *Notre système éducatif est le plus cher du monde par élève et il est gravement inefficace.* » Les évaluations à répétition, terriblement dévastatrices, commencent déjà à l'école maternelle. Évaluation, ritournelle de l'élitisme bien français... Mais quelle casse ! Combien d'enfants et d'adolescents, en manque de considération, connaissent très tôt le stress et sont condamnés à une grave perte de confiance, souvent définitive. Combien d'élèves, exposés sans cesse aux sales notes, qui se résignent et qui n'essaient même plus de s'en sortir. Qui finissent par accepter de devenir des citoyens de seconde zone, crédules, influençables et obéissants... Ou, pire, sans autres alternatives, qui rejoignent très jeunes les mauvaises fréquentations, voire le Milieu. Et un cerveau constamment sous tension se dégrade, reste sous-développé, souvent définitivement. En particulier, le stress chronique perturbe la neurogenèse de l'hippocampe, le grand central qui gère données et programmes. Une telle dilapidation des forces vives de demain par une école essentiellement tournée vers la sélection à outrance par l'échec est absolument inacceptable. Croyez-moi, le mauvais fonctionnement de l'école est pour beaucoup dans la perte de compétitivité.

- De là à penser à ce que tout cela est froidement voulu par nos dirigeants de tout bord, il n'y a qu'un pas. « *On ne change rien. Pour mes enfants, fermement secondés par de solides cours particuliers, le système est excellent. Les bons postes pour les miens. Et il faut bien reléguer une partie de la population pour les besognes non qualifiées dont personne ne veut.* » Regardez autour de vous, peu de fils et de filles d'ouvriers dans le supérieur. Les privilèges héréditaires sont toujours bien en place ! L'ascenseur social ? Foutaises ! Pure démagogie ! Certains états plus civilisés ont compris que si l'ensemble de la population a un meilleur niveau, c'est tout le pays qui en profite. Et, en particulier, pas d'évaluation avant douze ans.

- Mais, parents, il serait un peu facile de coller toute cette hécatombe sur le dos de l'école. 30% des effectifs laissés progressivement sur le bord de la route ! Parents, vous avez également une grande part de responsabilité dans l'avenir de vos enfants. En les gâtant tout petits, vous compromettez gravement leur avenir, vous cassez l'envie de chercher, de trouver, d'apprendre, ainsi que la motivation nécessaire au succès. Vous en faites des paresseux, voire des tyrans.

- Non, vos enfants en bas âge ne sont pas vos compagnons de jeux. La hiérarchie doit être respectée, l'enfant doit être considéré comme l'enfant qu'il est. Et ne faites pas croire à vos petits anges que la vie est une fête continuelle en leur offrant tous les cadeaux du monde et une vie trop facile. Et, surtout, ne soyez pas leurs esclaves, toujours à disposition. Laissez-les tranquilles, donnez libre cours à leurs investigations, autorisez l'autonomie, l'indépendance, ils adorent ça et sont programmés pour. Ils doivent apprendre à compter sur eux-mêmes et pas trop sur les autres. Intervenez bien sûr en cas de danger, c'est évident. Mais, le comble, c'est quand les parents finissent, lassés, par laisser les marmots… commander ! Qui deviennent capricieux et qui hurlent dès qu'on leur refuse quoi que ce soit ! Là, le bon départ dans la vie est vraiment en danger !

- Parents, votre responsabilité est immense. Le succès dans le futur dépend de votre attitude quand l'enfant a à peine quelques mois. Eh oui, encore bébé ! Des expérimentations récentes ont montré que la stimulation précoce dès l'âge de trois mois par des exercices et un environnement appropriés permet de développer l'envie et la capacité d'apprendre. Françoise Dolto laisse penser qu'à trois ans, les jeux sont faits ! Les grands traits du caractère sont en place. C'est donc à vous qu'il appartient de donner confiance, d'éveiller, d'encourager toujours. Jamais de houspillages ! Les enfants ont absolument besoin d'être chaleureusement accompagnés, d'être considérés, d'être élevés dans la joie et l'amour. Mieux. Vous devez être le modèle à suivre, qu'ils puissent mettre leurs pas dans les vôtres. Grâce à la formation continue, vous devez améliorer vos compétences tout au long de la vie, pour montrer le chemin. L'exemplarité des parents ! Tous les livres sérieux sur l'éducation le mentionnent, le niveau d'études de la maman, oui, de la maman, est primordial pour le succès scolaire de l'enfant. À défaut, sa détermination à faire réussir ses enfants.

- Concernant l'éducation, à tout âge, pour le bébé, l'enfant, l'adolescent, l'adulte, les étapes de construction des réseaux cérébraux sont sensiblement les mêmes. Une situation nouvelle inattendue se présente, une menace, une source de tension, un problème à résoudre, un défi à relever, un examen à passer, un nouveau job, etc. Immédiatement, le stress se déclenche, avec production d'adrénaline et autres hormones pour faire face, pour mettre le corps en condition de parer au plus pressé... Il faut absolument au plus vite contrôler la situation, trouver des solutions... SVP, pas la fuite ou l'acceptation ! Le cerveau a besoin de ces expériences pour se construire. En cas de succès, le stress disparaît. Et, non seulement, le cerveau est envahi de dopamine, source du bien-être, mais il profite de la nouvelle expérience pour construire de nouveaux circuits adaptés à la résolution du problème que l'on vient de résoudre... Pour que la prochaine fois, il sache comment faire... C'est comme ça que l'on apprend à s'en sortir de mieux en mieux dans les difficultés, à prendre le dessus dans l'adversité, mais aussi à conduire une voiture, à résoudre une équation mathématique, à vivre avec les autres, etc. Le stress est donc une réaction de défense de l'organisme qui permet de surmonter les épreuves de la vie et d'avancer sur le long chemin de l'éducation. Inutile de vous dire que, dans tous les cas, pour réussir, on a besoin de l'aide des autres. En effet, collectionner les échecs pour cause d'incapacité entraîne un état de stress chronique très mauvais pour le cerveau.

- Encore un mot ! La fréquentation assidue des ateliers scientifiques organisés un peu partout et dès le début de l'école primaire contribue au développement efficace des capacités cognitives de l'enfant. Toucher du doigt la réalité. Proposer aux enfants des idées d'expériences s'ouvrant sur des résultats accessibles. À eux de chercher, de mettre au point des conditions expérimentales optimales. Avec des moyens rudimentaires et beaucoup de tâtonnements. L'animateur présent guide sans donner les réponses, ce serait trop facile. Autonomie ! Soin ! Persévérance ! Organisation du travail ! Initiatives aux petits débrouillards ! Formation pratique à la pensée créative ! Confiance en soi quand on devient capable de faire seul ! Et toujours dans la bonne humeur ! Le plaisir est indispensable pour réussir ! Il motive, il donne des ailes ! Et n'oubliez pas la musique...

Vous dites démocratie ?

Les intervenants de *C dans l'air*, Philippe Dessertine et Agnès Verdier-Molinié, disent et redisent, souvent avec une colère sincère et justifiée : « *On va dans le mur. De tous les pays européens, la France est la seule à ne prendre aucune mesure d'austérité.* » Par leurs interventions menées avec foi et brio, ils cherchent à convaincre de la nécessité d'agir pour assurer notre avenir, inévitablement mondialisé. Et Dominique Reynié de fustiger cette vénération morbide du passé dans un usage démesuré de la commémoration et cette incapacité à regarder devant, à penser le futur et, bien sûr, à le bâtir... Mathilde Lemoine d'ajouter que, bien plus qu'ailleurs, nombreux sont ceux qui sortent de l'école sans qualifications et restent donc inemployables... Et surtout, Ghislaine Ottenheimer, qui tempête à tout-va, à juste titre, que la monarchie présidentielle est un système absurde, archaïque, qui rend la France apathique, sans direction, mélancolique. Concernant plus précisément notre système éducatif, quatorze ministres en vingt ans, qui ne décident de rien, qui pratiquent le slalom opportuniste, sans préparation. Alors que, dans la plupart des pays développés, on se concerte, on réforme vraiment, on améliore. Comme on l'entend souvent en France, les ministres, c'est pour la galerie !

La cause principale de cette paralysie aux conséquences désastreuses pour le pays est, bien sûr, la peur de nos élus « professionnels » de perdre leurs positions avantageuses en préconisant des mesures impopulaires. Se faire réélire est leur unique préoccupation, quitte à faire des promesses intenables auxquelles nos concitoyens, fatigués et crédules, croient toujours et encore. D'ailleurs, compte tenu des abstentions de plus en plus massives des Français dégoûtés des politiciens, on peut se demander qui représente qui ! Il est totalement anormal que les bulletins blancs des électeurs désireux de montrer leur désaveu ou leur désarroi ne soient pas pris en compte. À l'évidence, la démocratie est piétinée sans vergogne. Il est également important d'insister sur le fait qu'en France, de nombreux politiques n'ont jamais quitté la politique bla-bla-bla et sont déconnectés du monde du travail. Il en est de même de nos enseignants, dont la plupart n'ont jamais quitté l'école. Tout ce monde qui prétend nous indiquer la direction à suivre n'a que peu le sens des réalités.

Avec des intervenants d'une qualité indéniable, l'émission *C dans l'air* nous propose des informations de haut niveau dans bien des domaines. En ce moment, la politique est au centre des préoccupations. Aussi, nous assistons tous les soirs à des débats bien français à base d'informations, d'analyses critiques et de démarches logiques. Chacun y va de son argumentation en trois points (Premièrement, deuxièmement, troisièmement), de son raisonnement cartésien, de sa logique apparemment impeccable. Yves Calvi, craint, veille au grain et empêche toute prise de bec.

« *I am right, you are wrong.* » Non merci ! Ce qui est une bonne chose. Mais on aimerait plus de propositions bien concrètes à offrir aux politiques dont le leitmotiv reste bloqué sur « *La croissance, la croissance, la croissance.* » On dirait le Général de Gaulle sur son cabri sauteur à propos de l'Europe.

C dans l'air pourrait vraiment être un creuset pour des idées et des concepts novateurs. Malheureusement, jamais aucun mot concernant la formation, par exemple ! Bien trop dangereux de toucher à l'enseignement ! Sujet tabou ! Claude Allègre en a fait les frais. Et pourtant, pour créer de l'emploi, il faut avant tout des employés qualifiés. Or, notre Éducation nationale vise l'excellence pure favorable aux enfants des élites, qui sont assurément des exemples à suivre, mais qui peuvent surtout payer les cours particuliers. Mais cela ne convient pas du tout à une grande majorité de jeunes Français, qui collectionnent les mauvaises notes et les appréciations démobilisatrices. Qui n'aiment pas l'école. Qui suivent les cours contraints et forcés. Qui se retrouvent souvent poussés vers des apprentissages sans intérêt et sans lendemain.

Alors que notre jeunesse aspire à la vie, est créative, facilement motivée, pas encore enfermée dans des bulles mentales dont il est difficile, voire impossible, de sortir. Mais cette belle jeunesse est sacrifiée à l'égocentrisme des élites, à l'absence de vision à long terme, à notre incapacité à faire évoluer notre système éducatif, cramponné à ses façons d'enseigner ancestrales où la pensée créative est absente, où la boulimie est la règle. « *Nous avons le droit de préférer toutes les tentatives des hommes pour agrandir le cercle de l'humain à toutes celles qui cherchent à le réduire à un petit nombre d'élus, de performants, de normaux, de civilisés, de bien-pensants et de bien-portants, de valeureux chefs ou de géniaux intellectuels.* » De Philippe Meirieu et Michel Develay dont je partage bien des idées.

La Suisse, l'Allemagne, l'Autriche et bien d'autres pays offrent aux jeunes des conditions d'apprentissage honorables, à la hauteur des ambitions affichées. Dans les années 90, un des grands patrons de Volkswagen avait commencé sa carrière à quatorze ans comme tourneur-fraiseur. Un parcours impensable en France ! Dans ces pays, ce sont donc des jeunes de vingt ans bien formés qui inondent les marchés de l'emploi de leurs qualifications juvéniles, de leur enthousiasme et de leur créativité intacte. Il faut absolument interdire ces baccalauréats français tout compris qui ne valent plus rien en dessous de 16/20. « *Passe ton bac d'abord !* » Arrêtez, vous allez couler la France ! Alors que le pays a besoin de véritables compétences en écologie, en numérique. Mais, surtout en créativité, ce qui suppose de changer grandement nos manières de penser...

*« On ne pense pas, Monsieur,
on ne pense pas... »*
(Jacques Brel, 1966)

Quand un élève quitte l'école, il sait normalement beaucoup de choses, mais il ne sait pas faire grand-chose... Il ne sait pas prendre des décisions, faire des choix, envisager des alternatives, travailler en équipe, faire des projets, prendre des initiatives, prendre la parole en public, speak english fluently or german, créer...

Les larges connaissances et l'aptitude à penser de manière critique ne suffisent pas. Ceci est dû en partie au fait que l'Éducation nationale devient un monde à part, qui met en place et se satisfait de ses propres priorités sans s'intéresser vraiment au monde extérieur. Et l'on accorde tout simplement peu de temps à l'enseignement de la réflexion à l'école, à la créativité. On y fait essentiellement du remplissage et de l'autoritarisme dépassé. Peu d'enseignants essayent de faire mieux que ça. Revoir à ce sujet *Le cercle des poètes disparus*, avec le regretté Robin Williams. Et le film *Les Choristes*, avec un Gérard Jugnot pédagogue passionné. Du sens est absolument nécessaire pour éveiller l'attention des jeunes apprenants.

Durant un millénaire, il a fallu suivre aveuglément les dogmes de l'Église obscurantiste, sinon c'était l'excommunication, voire le bûcher... La Renaissance a permis de redécouvrir les philosophes et les mathématiciens grecs grâce aux arabes. La démocratie, le raisonnement, « *Cogito, ergo sum* », la logique, l'argumentation, la méthode scientifique, l'observation, l'expérimentation, les mathématiques... Une nouvelle manière de penser et l'invention de Gutenberg à Strasbourg ont rendu possible le développement exponentiel des connaissances dans tous les domaines, en particulier celui des sciences.

Mais, mais, mais... Est-il besoin d'insister sur le pillage éhonté des ressources de notre planète dont nous sommes tous responsables, sur la course aux armements toujours vive, sur l'exploitation sans vergogne de la main d'œuvre bon marché des pays en voie de développement, sur toutes ces guerres épouvantables de par le monde entretenues par nos manufactures d'armes, etc. « *On ne pense pas, Monsieur, on ne pense pas... aux conséquences.* » On n'a vraiment pas beaucoup progressé dans nos relations avec les autres. L'agressivité, l'arrogance, l'avidité sont toujours à l'ordre du jour. *C dans l'air* nous en rend compte tous les soirs. L'actualité n'avance plus, elle tourne en rond, se mord la queue...

Foin des rivalités et des mésententes de la gauche et de la droite, des patrons et des employés, des athées et des croyants, des blancs et des noirs, des Français et des Allemands, des élites et des ilotes, des Parisiens et des provinciaux, des Jacobins et des Girondins, des hommes et des femmes, des forts en maths et des laissés-pour-compte. Nous sommes tous délibérément cramponnés à nos préjugés et peu désireux d'en changer. On ne voit que ce que l'on veut bien voir, que ce que l'on est préparé à voir par l'éducation et l'expérience propre. Décidément, le comportement humain reste marqué par l'égoïsme et le mépris de l'autre. Et les politiques bla-bla-bla pratiquant essentiellement le très court terme, on ne peut manifestement pas leur faire confiance...

The arrogance of logic means that if we have a logically impeccable argument, then we must be right. (L'arrogance de la logique implique que si notre argument est imparable, c'est que l'on doit avoir raison.) Rappelons qu'en anglais « to have an argument with » signifie « se disputer avec ». *I am right, you are wrong*. Edward de Bono nous ouvre les yeux sur de nouvelles perpectives d'avenir ! L'auteur insiste sur l'importance de la perception, the process of becoming aware of something. Ce que l'on perçoit dépend du point de vue et comme chaque cerveau organise les informations à sa façon, il devient alors difficile de dire qui a raison et qui a tort... L'auteur insiste également sur l'importance de l'humour, qui incite à voir les choses autrement et est donc une vraie source de créativité et de détente. *The lateral thinking*. Et puis, *Les six chapeaux de la réflexion* qui permettent dans les discussions d'éviter l'argumentation où chacun essaie de prendre le dessus...

Un ordinateur est constitué de millions de clapets qui s'ouvrent ou se ferment suivant la programmation du logiciel et les informations introduites ou captées. Un fonctionnement logique assez simple, mais passif. Le cerveau, lui, comprend des milliards de neurones vivants, interactifs, qui s'arrangent entre eux, à notre insu, pour traiter les perceptions de nos sens, former des circuits réutilisables et s'auto-organiser. Un fonctionnement complexe, actif et très efficace.

Il y va de l'avenir de l'humanité d'améliorer nos manières de penser. La compréhension des mécanismes du cerveau, qui progresse avantageusement depuis quelques décennies, apportera peut-être les solutions miracles. On peut l'espérer ! Et puis, les prises de conscience positives se multiplient à travers le monde, concernant l'écologie, le pillage du tiers-monde, le recyclage indispensable, les énergies renouvelables. Après l'ère industrielle viendra inévitablement l'ère écologique. À nous de penser avec clairvoyance et créativité ! Une Nouvelle Renaissance de l'humanité en vue ?

Apprendre à l'écossaise !

Propos recueillis au cours de voyages en Écosse avec visites d'établissements scolaires et échanges de vues.

There is no getting away from the fact that, in many countries, teaching methods are developing, which increasingly call on pupils to organise themselves, with teachers tending to take more of a back-seat role, becoming managers rather than the source of all knowledge. Hence the idea of web sites offering worksheets which allow pupils in schools or at home more freedom to study at their own pace. The way of teaching in Scotland 60 years since !

For instance teachers of physics and chemistry, who want to see their pupils progress effectively and enjoyably, will find on scotch internet sites the necessary worksheets to do so. At present, they are only available in english and refer to the scotch schools syllabus. We hope french teachers to do the job of translating some interesting worksheets for the french pupils.

Each worksheet covers a specific chapter together with questions. They are intended to motivate pupils into actively searching for information. The pupils are placed in groups of three to facilitate discussion and team work. This will encourage self-sufficiency, self-discipline and imagination, in order to offer young adolescents the opportunity to take control of their own lives. The three pupils perform experiments, observe, reflect, consult their books, decide and make notes together, draw if necessary. Answers and comments are eventually presented to the whole class at the end of the lesson. The teacher's role is more that of a supervisor than of a traditional instructor. In fact, his greatest problem is being able to keep quiet and to stop himself from giving the explanation for the phenomenon too quickly. By doing this he allows the pupil to build innumerable thought connections and they become quicker and quicker at solving problems for themselves.

Resource Based Learning in Great-Britain, Lernen durch Lehren in Germany ! De scholen krijgen een studie-huis, waar de leerlingen de stof zelfstandig moeten verwerken in Netherland ! In a number of European countries, agreeable methods have produced successful results which are all based on the principle that study should be centred on the pupil rather than the teacher.

Traduction synthétisée dans les pages suivantes.

Des idées innovantes inspirées de l'enseignement en Écosse

Force est de constater qu'en matière d'enseignement, dans de nombreux pays, les méthodes éducatives évoluent, faisant de plus en plus place aux capacités de l'élève à se gérer lui-même, le maître devenant plus discret, plus manageur que possesseur de tous les savoirs. D'où l'idée des fiches de travail pour un apprentissage plus autonome des apprenants au lycée, à la maison, à l'hôpital, dans l'entreprise ou à la bibliothèque.

Les enseignants, qui désirent voir leurs élèves progresser dans l'efficacité et la bonne humeur, trouveront sur internet et chez de nombreux collègues déjà convertis des fiches offrant la possibilité de se libérer de la contrainte du cours frontal. Encore faudra-t-il que les élèves apportent leurs livres en classe et qu'ils puissent disposer des ressources nécessaires. Internet, des documents appropriés, des montages expérimentaux pour les disciplines scientifiques.

Grâce à ces fiches, les élèves convalescents, qui ne peuvent se déplacer pour se rendre au lycée, pourront étudier chez eux, seuls et avec profit. Les fiches s'adressent bien entendu également à tout adulte qui désire se perfectionner pour passer des concours, pour trouver du travail plus facilement, pour améliorer ses performances dans son activité ou, tout simplement, pour réviser ses connaissances et faire le point. Les Britanniques étudient avec des *worksheets* depuis plus de soixante ans.

Ainsi, chaque fiche comporte le plan précis d'un chapitre, des schémas bien faits, des questions, des informations situant les ressources. Elles ont pour but d'inciter les apprenants à rechercher, eux-mêmes et activement, les informations. En classe en particulier, les élèves peuvent être, dans les cas favorables, en petits groupes, pour favoriser interactions et synergies. Dans l'autonomie, la rigueur et l'imagination ! Afin que les jeunes gens et les jeunes filles puissent prendre résolument leurs études en main ! Les apprenants expérimentent quand c'est possible, observent, réfléchissent, consultent le livre, internet de manière raisonnable, décident et rédigent conjointement, dessinent s'il y a lieu. Le professeur est plus un metteur en scène qu'un enseignant traditionnel. Et bien sûr, il doit être particulièrement motivateur. D'ailleurs, son vrai grand problème est d'arriver à se taire pour ne pas donner trop vite des explications ! Ce faisant, il permet aux jeunes chercheurs de se construire d'innombrables connexions cérébrales et ceux-ci deviennent de plus en plus rapides pour trouver les solutions !

Bien sûr, les inspecteurs de l'Éducation nationale pourraient mettre des équipes au travail pour la confection de ces fiches, des fiches intelligentes, attractives, s'ouvrant sur des résultats accessibles et permettant le travail autonome responsabilisant. Fiches mises à la disposition de tous sur un site internet spécialisé. Pour le moment, seuls des enseignants volontaires et perfectionnistes prennent sur leur temps libre pour confectionner des fiches de travail de qualité pour leurs élèves. Et cela demande beaucoup de travail ! Il faut tout faire, rechercher les sources nécessaires, imaginer la meilleure présentation, s'attacher à faire des schémas attractifs, convaincants, clairs, faire une mise en page logique, proposer les bonnes questions.... Et bientôt, on ne compte plus les milliers d'heures devant l'ordinateur ! A améliorer sans cesse, modifier, ajouter, enlever !

Resource Based Learning en Grande-Bretagne, Lernen durch Lehren en Allemagne (ldl.de). De scholen krijgen een studie-huis, waar de leerlingen de stof zelfstandig moeten verwerken aux Pays-Bas ! Dans de nombreux pays européens, de nouvelles méthodes, plaisantes, efficaces, incontournables, qui toutes partent du principe que l'intérêt doit être centré sur l'élève plutôt que sur le professeur ! « *Rendre l'élève capable de rechercher l'information, de la trier, de l'utiliser, de la critiquer, en un mot d'apprendre à choisir, le préparer à sa formation permanente ultérieure.* » Comme l'écrit Jean-Claude Barbarant dans son livre « *Les enfants de Condorcet* ».

Dans les pages suivantes, j'aurais bien voulu présenter des exemples de fiches de travail utilisées en Grande-Bretagne, aux Etats-Unis, en Australie et en Afrique du Sud. Et certainement ailleurs. Mais, ce n'est pas possible pour cause de « copyright ». Aussi, veuillez trouver ci-après la réponse d'une société de production de « worksheets » à ma demande de copies.

« Hi there,
Thank you for contacting us with your request. I am assuming that the book you are writing is for profit, correct? We do not grant permission for our free content to be reprinted for purposes where the publisher will profit from the content, so unfortunately we have to deny your request and ask that you not create or distribute copies. You are welcome to include the web address link in any printed materials you distribute to allow your participants to access the information themselves online.
We're sorry we couldn't be of more help. Please feel free to get in touch with any other questions.
Best,
Linda - Education.com Customer Service »
Traduction : « *Nos fiches de travail ne doivent pas être reproduites dans un livre.* »

Quelques adresses notables pour les ressources :
education.com (You need to take an account)
sharemylesson.com
jumpstar.com
eu.ixl.com pour s'évaluer
teach-nology.com
adaptedmind.com
tes.co.uk (The largest community of teachers in the world)
… et beaucoup d'autres ! Tapez worksheets sur votre moteur de recherche.

Sur ces sites, vous trouvez des milliers de fiches de travail interactives, c'est-à-dire que l'élève, autonome, répond aux questions et reçoit sa note à l'abri du regard d'autrui. Il compare avec le corrigé. L'élève veut savoir exactement ce qu'il est capable de faire. La triche, ça n'existe pas pour lui. Il peut recommencer avec d'autres fiches sur le même sujet. Les fiches sont souvent payantes. Les établissements scolaires peuvent les acquérir en gros. Pour les élèves, c'est gratuit.

Il y a des milliers de fiches pour toutes les disciplines, pour tous les niveaux, que l'on peut imprimer si les élèves préfèrent le papier à l'écran.

Il faut bien comprendre qu'il n'y a pas de maître-conférencier dans ces classes, qui peuvent compter jusqu'à cent quatre-vingts élèves, comme à York. Quelques enseignants parcourent les rangs et sont surtout à la disposition des élèves en difficulté, pour proposer, le cas échéant, des fiches mieux adaptées au niveau de l'élève. Quand un enseignant manque, la classe ne s'arrête pas...

QCM SCIENCES, Niveau 16 ans - DUREE: 45 Min

Fichier tiré du site *physique-chimie.fr*
Soulignez la bonne réponse.

1 Qu'est-ce qui brûle dans l'air ?
A la vapeur d'eau
B les vapeurs d'alcool
C la cire solide
D la cire liquide

2 Qu'est-ce qu'une réaction chimique ?
A le passage d'un corps de l'état solide à l'état liquide
B le passage d'un corps de l'état liquide à l'état gazeux
C la transformation de plusieurs composés en d'autres
D le dégagement de chaleur produit par un corps chaud

3 Comment un corps chaud se refroidit-il ?
A ses atomes se décomposent
B ses molécules se décomposent
C il émet des rayons infrarouges
D il emmagasine de l'air froid

4 L'effet de serre, qui en ce moment provoque un réchauffement de la Terre, est surtout dû...
A au fait que les humains se chauffent de plus en plus en hiver
B à la couche d'ozone
C à la disparition de la forêt amazonienne
D au fait que les rayons infrarouges émis par le sol ne peuvent plus quitter la Terre à cause de l'excès de gaz carbonique dans l'atmosphère

5 L'eau de chaux permet de mettre en évidence...
A le gaz carbonique
B le dioxygène
C le gaz chlorhydrique
D la cire de la bougie

6 **Quel est le rôle de la mèche d'une bougie ?**
A elle sert seulement à l'allumage
B elle soutient la flamme
C elle est nécessaire pour que la cire tienne autour
D elle permet à la cire liquide de monter par capillarité

7 **Comment allumer du papier ?**
A une allumette est absolument nécessaire
B une flamme est absolument nécessaire
C il suffit de le chauffer suffisamment à l'abri d'une flamme
D cela dépend du papier

8 **Pour éteindre un morceau de plastique en train de brûler...**
A on le plonge dans le dioxygène
B on le plonge dans le diazote
C on le plonge dans un mélange de dihydrogène et de dioxygène
D on le plonge dans n'importe quel liquide

9 **Qu'est-ce que la capillarité ?**
A c'est la remontée d'eau dans un tube de verre fin
B c'est la science qui s'occupe des cheveux (cheveux se dit *capelli* en italien)
C c'est la chaleur de la flamme qui fait fondre la bougie
D c'est un terme d'équitation (cheval se dit *caballo* en espagnol)

10 **Qu'est-ce que la fusion ?**
A c'est la combustion de la bougie
B c'est le passage de l'état solide à l'état gazeux
C c'est le passage de l'état solide à l'état liquide
D c'est ce qui se passe dans une centrale nucléaire

11 **Qu'est-ce que la suie ?**
A du gaz carbonique condensé
B des corps contenus dans la cire et qui sont ininflammables
C du carbone
D des minéraux incombustibles

12 Le bec de gaz fonctionne-t-il ?
A avec du gaz carbonique
B avec du propane et de l'air
C avec du propane et du diazote
D avec du carbone et de l'air

13 Quel est le corps combustible ?
A le calcaire
B la craie
C la vapeur d'eau
D la suie

14 De quoi la température d'un corps dépend-elle avant tout ?
A de l'agitation de ses atomes
B de la chaleur qu'il reçoit
C de la chaleur qu'il perd
D de l'importance de son isolation thermique

15 Quelle est la source de chaleur ?
A un manteau bien chaud en hiver
B un morceau de bois dans la forêt
C une cellule vivante du corps humain
D un tas de charbon sous la neige

16 Quelle est l'expression juste, en bon français ? Un corps se refroidit...
A quand il perd de la température
B quand sa chaleur s'abaisse
C quand sa température s'abaisse
D quand l'air se réchauffe par rapport à lui

17 Qu'est-ce qu'un rayonnement infrarouge ?
A c'est de la « lumière » invisible
B c'est un vent chaud
C c'est de l'air chaud
D ce sont les rayons responsables du bronzage

18 **Quelles sont les matières les plus conductrices ?**
A cuivre et bois
B cuivre et aluminium
C plastique et fer
D eau et liège

19 **Quelle est la phrase absurde ? Attention, ici, il faut souligner la mauvaise réponse !**
A on peut se servir d'un corps froid pour réchauffer un corps plus chaud
B on peut réchauffer un corps à l'aide de chaleur
C en fondant, la neige émet de la chaleur
D on peut refroidir un corps en le plaçant dans le vide

20 **Quelle est la phrase absurde ?**
A le vide empêche en partie la déperdition de chaleur
B la température d'un corps chaud est plus élevée que celle d'un corps froid
C pour refroidir un corps, on lui donne du froid
D pour réchauffer un corps, on lui donne de la chaleur

Réponses: 1B, 2C, 3C, 4D, 5A, 6D, 7C, 8B, 9A, 10C, 11C, 12B, 13D, 14A, 15C, 16C, 17A, 18B, 19C, 20C

Une réponse à l'échec scolaire

Présentation en 1992 devant les membres du Conseil National des Programmes, Robert Baehrel et Walter Henderson.
Depuis, le redoublement a pratiquement disparu dans les écoles, c'est-à-dire que les élèves sont admis dans la classe supérieure, quel que soit leur niveau. Mais cela ne règle pas le problème de l'échec scolaire.

En fait, l'échec scolaire peut s'expliquer assez simplement. Il découle inévitablement du système d'examen lui-même, avec son évaluation globale des épreuves. Entraînant soit succès, soit échec. L'échec n'est pas inhérent à l'élève, mais relève bien de l'examen lui-même. S'il est possible de réussir à passer le mur que constitue un examen, il est tout aussi possible d'être recalé. Le passage possible implique l'échec éventuel. L'examen peut produire du succès, il est à même également de produire de l'échec. Si nous prétendons vouloir être sérieux pour lutter contre l'échec scolaire, alors il est évident qu'il nous faut revoir notre système d'examen.

En l'absence de critères d'évaluation définis de manière précise, les enseignants connaissent un réel problème concernant la notation aux examens. Dans *Le niveau monte*, Baudelot et Establet, chercheurs en sciences de l'éducation, ont montré de façon indiscutable l'écart entre les notes données par vingt-cinq enseignants, cinq dans chaque matière, chacun ayant corrigé les 100 mêmes copies. En français, l'écart moyen était de 16,5%, l'écart maximum atteignait 65%. Pourcentages similaires en philosophie et en latin. Mais, même en mathématiques, l'écart maximum atteignait 45%.

L'échec scolaire, ce n'est pas tout simplement la réussite ou l'échec au baccalauréat. La plupart des élèves qui échouent au bac, et ils ne sont pas nombreux, réussissent l'année suivante. D'ailleurs, les bons résultats à l'équivalent du bac de nombreuses écoles des états membres de la Communauté indiquent clairement que les élèves en difficulté ont été proprement éliminés avant les examens finaux. L'échec scolaire, en réalité, c'est bien plus l'ignominie à être rejeté.

Pour l'enseignant, le redoublement est nécessaire pour maintenir le niveau des classes et donner une seconde chance à l'élève. Souvent, le redoublant semble améliorer ses résultats durant le premier trimestre de l'année suivante. Mais, selon Didier Dacunha-Castelle, président du CNP en 1992, il n'existe aucune preuve, dans aucun cas, qu'un redoublement ait été définitivement bénéfique. Par contre, et les observations le prouvent, les élèves qui ont redoublé une ou plusieurs fois sont également ceux qui ratent leur bac. Rappelons que le Conseil National des Programmes, le Conseil des Sages, créé par Lionel Jospin, avait pour objectifs de filtrer et de limiter les programmes redondants proposés par les inspecteurs généraux dans chaque discipline, mais aussi de débattre et de donner son avis sur des questions essentielles, comme le redoublement, par exemple.

Pour l'élève, le redoublement est une véritable punition. Il se retrouve dans une classe d'élèves plus jeunes, avec une réputation de stupidité. Dans une enquête menée en France par *Le Monde de l'Éducation*, les adolescents devaient choisir dans une liste ce qu'ils craignaient le plus dans la vie. « Redoubler une classe » venait en seconde position, immédiatement après « la mort d'un parent ». Il n'est pas surprenant que, pour de nombreux élèves, l'école constitue une expérience véritablement stressante. La réaction à ce stress peut prendre diverses formes. L'une d'entre elles est certainement le développement d'attitudes antisociales et négatives envers l'école. De plus, la classe qui reçoit le rejeté est elle-même inévitablement affectée.

En Allemagne et en France, les gouvernements successifs ont bien essayé de réduire le nombre des redoublants. Par des réorientations sans lendemain ! Donc, sans grands résultats. Comment pourrait-il en être autrement ? Celui qui ne redouble jamais obtient logiquement son bac. Mais toute la population scolaire ne peut pas envisager de faire des études supérieures. En fait, moins de 20% des jeunes arrivent au bout des études supérieures longues. Le baccalauréat introduit par Napoléon avait pour dessein de sélectionner les élèves du secondaire aptes à faire des études supérieures. Officiellement, il a toujours le même objectif ! La contradiction est évidente. Les études secondaires préparent les élèves au bac en vue des études supérieures et seuls 20% y réussissent. Quelle entreprise au monde pourrait se permettre un rendement aussi faible ?

En France, en particulier, les taux d'échec à l'université sont très élevés et peuvent dépasser 50%. En première année de médecine, ils atteignent 90%. On trouve des résultats comparables dans d'autres états de la Communauté qui utilisent un examen à note globale comme moyen de sélection pour les études supérieures. La conclusion est évidente. Ce baccalauréat est extrêmement inefficace pour sélectionner les élèves en vue des études supérieures.

L'alternative à cet examen à note globale est un système d'unités capitalisables. Un système où l'échec est absent, mais où sont attribuées seulement des appréciations positives du travail de l'élève. Un système dans lequel le redoublement n'existe pas. Une telle organisation est en place depuis 1950 en Grande-Bretagne et fonctionne bien. Les élèves étudient les matières qu'ils ont sélectionnées à des niveaux de difficulté qui leur conviennent. Ne peuvent bien entendu choisir les modules difficiles que les élèves qui ont prouvé leurs capacités. Dans ces conditions, la guidance prend une importance capitale. Dans chaque discipline, trois niveaux de difficulté peuvent être envisagés : standard, élevé et approfondi. Les sujets des examens sont proposés et notés au plan régional ou national. Ces examens sont étalés sur trois ans en fin de scolarité. Ainsi, à seize ans, un élève peut choisir de passer dans une matière l'épreuve au niveau standard. Un an plus tard, il peut tenter le niveau élevé. Ou bien il garde sa note dans cette matière parce qu'il y a d'autres matières qui, désormais, l'intéressent davantage.

Ainsi, l'élève se construit un portefeuille avec des notes obtenues dans des matières librement choisies, à des niveaux de difficulté consciemment choisis. Il accumule des succès et ne subit pas passivement sa propre sélection. Il ne rate aucun examen. Il a conscience de réussir à un niveau de difficulté donné, dans une matière donnée, et il peut améliorer sa note en repassant une même épreuve. Dans un tel système, un élève est libre de quitter l'école à tout moment à partir de seize ans et il ne part pas les mains vides. À seize, dix-sept, dix-huit ans, s'il a collectionné les bonnes notes à des niveaux élevés dans de nombreuses matières, il peut prétendre à l'entrée dans un établissement d'études supérieures. Comme chaque établissement a ses exigences d'entrée propres, l'élève prévoyant peut moduler le contenu de son portefeuille de manière à satisfaire à ces critères. Dans un système à unités capitalisables, l'élève connaît exactement sa valeur, ne se fait pas d'illusions sur son niveau. Il s'inscrit seulement dans les cours qui lui conviennent et pour lesquels il sent une affinité particulière. Sa carrière scolaire se déroule harmonieusement.

Par ailleurs, un élève peu passionné par les études peut quitter l'école à seize ans, mais pas sur un échec. Il emporte avec lui son portefeuille de notes dans les matières qu'il a suivies. Par la suite, après réflexion, il peut retourner à l'école ou se présenter comme candidat externe aux examens qui l'intéressent à tout moment de sa vie, car ces examens ne sont pas propres à l'école. En Grande-Bretagne, en particulier, de nombreuses universités offrent des cours d'été d'une durée de dix semaines à ceux qui n'ont pas suffisamment réussi à l'école pour une raison ou pour une autre. Ces universités acceptent d'ouvrir leurs portes à des plus de vingt-six ans. Pour qu'ils puissent capitaliser d'autres unités, d'autres crédits.

Dans un tel système, la différence n'est plus marquée entre un élève à succès et un élève moins chanceux. D'ailleurs, la distinction ne devrait plus être faite entre les matières dites académiques et les matières à caractère professionnel. Ces terminologies sont désormais dépassées. L'élève choisit un éventail de sujets qui ont tous un aspect académique et professionnel. Un établissement d'enseignement doit éviter d'étiqueter ses élèves. Rappelons qu'en Écosse, tous les jeunes gens d'un quartier fréquentent la même comprehensive school durant toute leur carrière scolaire. Cela permet une sélection tardive, donc une participation optimale.

D'ailleurs, en Grande-Bretagne, on peut faire cette très intéressante constatation. L'étudiant décide d'aller à l'université par libre choix et non pas parce que le baccalauréat, qu'il vient d'obtenir, lui en donne le droit. Et il choisit d'étudier seulement les matières dans lesquelles il est capable. La conséquence est que le taux d'échecs dans les universités britanniques est le plus faible d'Europe.

Pour la majorité des jeunes qui n'iront pas à l'université, l'expérience de l'école est une expérience positive. Aucun stress en fin d'année à cause de l'incertitude du passage. Pas de calculs de moyenne chaque fois qu'un devoir est rendu. D'ailleurs, dans le cas de l'interrogation habituelle, l'élève peut noter lui-même son travail à l'aide du corrigé. Ce qui l'intéresse, c'est de savoir ce que vaut vraiment son devoir. Ce type d'épreuves est formatif et peut être un diagnostic. Un enfant qui joue du violon peut accorder lui-même son instrument. Alors, pourquoi ne peut-il pas corriger ses propres erreurs dans un devoir de mathématiques ? Et si on lui faisait confiance ? Faut-il absolument la sanction d'un adulte ? Et quel intérêt y a-t-il à tricher quand on prend vraiment ses études en main ? À l'évidence, la plupart des systèmes éducatifs actuels encouragent la tricherie et l'illusion sur le véritable niveau atteint. C'est un corollaire du bac à passage oui/non, à réussite tout/rien.

Pour préparer un bac tout/rien, de nombreux élèves accordent peu d'importance aux matières choisies. Ce qui compte, c'est la note finale. Ils sont obsédés par cette note finale. Tous les moyens sont bons pour réussir le passage. On fait de savants calculs de coefficients dans n'importe quelle matière. Il faut tout faire pour ne pas être recalé. Trop de ceux qui réussissent le bac ont en réalité réussi à vaincre le système... sans plus.

Dans les écoles qui préparent ce type de bac, il est normal que l'obsession du redoublement accompagne les élèves tout au long de la scolarité. Les notes qu'ils obtiennent aux interrogations les obsèdent sans cesse. Et ils en perdent d'ailleurs tout intérêt pour la matière elle-même. Un système « démotivateur » ! Comme ce sont les propres professeurs qui délivrent les notes, inévitablement, cela conduit à des confrontations entre professeurs et élèves, ou du moins à une dégradation de l'atmosphère en classe. Ou alors, pour éviter tout problème, le professeur note, comme on dit, largement. Et l'illusion persiste pour l'élève concernant son véritable niveau. C'est vraiment regrettable. Le système de bac tout/rien actuel est assurément responsable de l'échec scolaire et des échecs qui s'ensuivent à l'université.

En Grande-Bretagne, dans les comprehensive schools, où les examens terminaux sont à unités capitalisables, il serait toutefois exagéré de dire que tout fonctionne parfaitement. Sous le même toit, tant de compétences, tant de niveaux de développement cognitif différents, cela ne va pas sans problèmes. Deux stratégies sont mises en œuvre :

1. Répartition des élèves
À un âge donné, les élèves du secondaire sont répartis en groupes pour l'étude de certaines matières, comme les

mathématiques ou les langues étrangères. Il est possible qu'un élève se retrouve dans un groupe fort en maths et moins bon en allemand. En histoire et en sciences intégrées, les groupes sont des mélanges des groupes précédents. Il n'y a pas de classes comme en Allemagne ou en France. Il est essentiel de rappeler que les élèves travaillent avec des fiches. Ici, le cours magistral et l'enseignement frontal n'ont plus qu'un faible intérêt historique. « Admis » ou « N'est pas admis dans la classe supérieure » sont des expressions totalement inconnues des enfants. Dans un collège français, une classe est constituée par des enfants qui ont choisi un ensemble de matières. Ce n'est un secret pour personne que cette façon de faire induit le système des filières, tant décrié et pourtant bien en place. Les filières d'excellence, les filières pour les moins bons et les filières dans lesquelles on gare les gosses en difficulté et qui ne mènent à rien.

2. Stratégies d'enseignement variées
Resource based learning, enseignement individualisé, apprentissage au rythme propre, évaluation formative, méthodes actives, groupes de travail, etc. L'Écosse, où 97 % des jeunes fréquentent les comprehensive schools, obtint des résultats significatifs en 1992.
Pourcentage des jeunes qui font des études supérieures :
Angleterre 16, France 17, Allemagne 16, Écosse 22.
Ces chiffres ont dû augmenter en France, en particulier dans les filières courtes (bac + 2, BTS et DUT).

L'université britannique est reconnue comme efficace, elle est appréciée par les étudiants et produit de bons résultats. Son matériau de base provient en droite ligne... des écoles. Grâce à l'école, le jeune Britannique considère ses capacités dans chaque matière avec clairvoyance et responsabilité. C'est en conscience qu'il se décide pour l'université ou l'emploi de son choix. Si nous reconnaissons à l'école la fonction de reproduire les différences de classe de la société, alors le modèle que nous offrons ici doit être absolument rejeté. Si, tout au contraire, nous souhaitons que les élèves aient une attitude positive envers l'école, que la société elle-même s'ouvre à *a life long learning* et aux écoles de la deuxième chance, alors il nous faut mettre aux oubliettes les expressions « admis dans la classe supérieure » et « doit redoubler », et penser sérieusement à adopter un système éducatif qui mène nos enfants et petits-enfants vers le plus grand succès, dont chacun est capable.

Laissons-les apprendre !
Emploi des fiches de travail

Présenté en partie dans *Changer l'école, un pari possible et remanié.*

Bien que les professeurs améliorent sans cesse leurs méthodes pédagogiques, tous les jours en Europe, des milliers et des milliers de cours s'avèrent peu valables, inefficaces, voire complètement ratés ! Trop d'élèves quittent l'école le soir, ayant perdu beaucoup de temps pour de bien maigres résultats. Comment circonscrire ce gâchis ? Le rôle du professeur n'est pas d'assurer la garde des enfants ; or, c'est trop souvent ce à quoi il est réduit ! Parce que le courant ne passe pas, parce qu'il ne sait pas comment s'y prendre pour éveiller l'intérêt de tout son auditoire ! La communication magistrale d'un savoir ! Une efficacité bien illusoire ! Françoise Dolto insiste beaucoup sur ce point, dans *La difficulté de vivre* : « *L'enfance a des manières de voir, de penser, de sentir qui lui sont propres. Rien n'est moins sensé que d'y vouloir substituer les nôtres. Trop souvent, l'élève se borne à subir un enseignement, sans savoir pourquoi on lui impose telle ou telle connaissance, sans avoir le temps de se l'approprier réellement par un travail personnel... des exigences qu'il est hors d'état d'atteindre.* »

Il vaut mieux une heure de travail individuel intensif que trois heures de cours frontal au profit lamentable. « *Dans combien de classes, si les élèves étaient autorisés à sortir à leur guise, resteraient-ils assis une heure à se taire et à écouter ou à faire semblant ?* » Une évidence pour Françoise Dolto. La tête et le cœur des jeunes gens sont ailleurs qu'au tableau noir. Pour beaucoup, la pédagogie secondaire classique engendre l'ennui, le refus, l'agitation. « *Schluss mit dem Frontalunterricht !* » (*Arrêtez avec le cours frontal !*) criait désespérément dans le micro qu'on lui tendait une enseignante lors d'un récent colloque en Allemagne.

Des élèves qui se prennent en main
Parlons moins, faisons agir plus et observons ! Tout d'abord, à l'évidence, les élèves sont différents. Alors, laissons l'élève étudier seul, ou mieux, dans de petits groupes pour favoriser interactions et synergies. Dans des salles suffisamment grandes, meublées de tables larges et disposées comme dans une bibliothèque. À leur disposition, des fiches de travail, soigneusement préparées, pour susciter l'intérêt et aller vers l'autonomie. Comme déjà mentionné, les fiches qui ont pour but d'inciter les élèves à rechercher eux-mêmes et activement les informations. À trois, par exemple, en élaborant des réponses conjointes, les élèves développent de plus leur capacité à s'entendre. Ce qui n'est pas facile. Le social, c'est fondamental. Les élèves, s'ils le désirent, peuvent quitter la salle de classe, se rendre au centre de documentation ou se connecter sur le réseau internet pour faire des recherches et réunir des informations. Les discussions entre élèves ne sont

pas seulement autorisées, mais tout à fait souhaitables ! Interactions et synergies ! Ces échanges ne dégénèrent pas en bavardages incontrôlables. De plus, en cas d'absence du professeur, les élèves travaillent, comme à l'accoutumée, et ne traînent pas dans les couloirs. Les élèves considérés en tant que personnes se comportent tout à fait correctement. D'ailleurs, ils mûrissent, semble-t-il, plus vite dans ces conditions et deviennent des êtres responsables et désireux de se perfectionner. Bien entendu, les élèves doivent être habitués au plus tôt à cette manière de travailler. Pour des élèves non formés aux méthodes actives et abandonnés à eux-mêmes, le peu d'envie de travailler est automatiquement générateur de bavardages, de paresse et de conflits. La classe part à la dérive et personne ne peut plus se concentrer sur son travail. Il est très important de savoir travailler seul et de ne compter que sur soi-même. Comme le précise Louis Legrand : « *L'apprenant tel qu'il est, avec ses connaissances, ses modes de penser et d'agir, sa structure mentale, doit être au cœur du dispositif éducatif.* » L'harmonie peut s'établir entre les trois pôles nécessaires à l'éducation scolaire : le professeur, l'élève et le savoir ! L'attention n'est plus centrée sur le maître, mais sur l'élève.

Et que fait le professeur pendant ce temps ?
Bien dirigés et conseillés, les élèves sont capables de travailler seuls ou en petits groupes sans y être contraints. Le professeur est bien entendu toujours présent pour aider individuellement ceux qui ne s'en sortent pas. Ainsi, les élèves entrent dans la classe, s'installent et reprennent leur travail au point où ils l'avaient laissé à la leçon précédente. Le professeur ne prend la parole que pour initier les élèves à l'étude d'un nouveau chapitre ou pour conclure. Il tente le moins souvent possible de capter l'attention de tous

les élèves, parce que c'est chose impossible ! Il s'occupe systématiquement de chaque élève en difficulté ou de chaque petit groupe en s'asseyant à leur table et, montrant l'exemple, répond sur son propre cahier aux mêmes questions que les élèves. « *Faites comme je fais.* » Son cahier fait d'ailleurs l'objet de nombreuses consultations. Les élèves y trouvent des modèles à suivre et des manières de présenter telle ou telle chose. Trop facile de toujours dire « *Faites comme je dis !* » Et, sans cesse, le professeur recherche de nouvelles sources d'information qui peuvent convenir pour faire comprendre tel ou tel concept, prépare des expériences et des exercices adaptés aux différents niveaux.

Des fiches de travail soigneusement élaborées
Tous les élèves suivent les fiches de travail portant sur les connaissances élémentaires relatives à un thème donné. En Grande-Bretagne, on trouve entre autres des fiches pour l'enseignement scientifique à niveaux gradués. Les élèves les plus faibles travaillent sur des fiches appropriées où tout est mis en œuvre pour qu'ils puissent atteindre un niveau minimum acceptable. Les élèves moyens reçoivent les fiches réservées au plus grand nombre. Et les élèves les plus forts se voient confier des fiches proposant des connaissances plus approfondies et des exercices plus élaborés. Des tests de connaissance et des exercices pratiques sont proposés sur chaque fiche, et chaque élève peut ainsi s'auto-évaluer en toute conscience, à l'abri du regard des autres. Dix points pour les exercices fondamentaux, dix points pour des exercices plus élaborés, dix points pour les « questions pour un champion ». Il ne lui vient pas à l'esprit de tricher ! Le droit à l'erreur, c'est fondamental ! Pouvoir se corriger soi-même, c'est la prise de conscience d'un être qui devient responsable ! Rappelons qu'en Grande-Bretagne,

le redoublement n'existe pas, l'échec est évité autant que possible. Un élève n'est pas « condamné » parce qu'il ne s'en sort pas. Le professeur décide du niveau des fiches à attribuer à chaque élève, selon les capacités que celui-ci a montrées en remplissant la fiche élémentaire.

Des objectifs pour une éducation réussie
Il est évident que le professeur engage sa responsabilité en proposant à l'élève tel ou tel cheminement. Dans un système souple, son rôle n'est plus d'amener tous les élèves au même niveau, car c'est du domaine de l'impossible, mais de proposer à chaque élève une étude personnalisée en fonction de ses capacités. Comme l'écrit, avec raison, Philippe Meirieu : « *Il y a autant de stratégies d'apprentissage qu'il y a d'individus sur la planète.* » Le but n'est plus de brimer, d'isoler, d'écraser et de condamner les élèves les plus faibles pour les éliminer au plus tôt par voie de redoublement ou de renvoi ! Tout est mis en œuvre, au contraire, pour que ces élèves rejoignent le plus rapidement possible le niveau moyen. Il n'est pas rare d'ailleurs de voir des élèves faibles se prendre au jeu et réussir très bien à des niveaux qui ne semblaient pas leur convenir au départ. La psychologie du défi ! L'élève réussit parce qu'on lui fait confiance ! L'effet Pygmalion ! Un coup de pouce de la part du professeur peut transformer un élève faible en un élève brillant. Pas question, par ailleurs, de proposer un enseignement s'appliquant à des élèves catalogués une fois pour toutes faibles, moyens ou forts. Il s'agit d'exploiter au mieux les possibilités de chacun, d'élever chaque enfant vers le plus grand succès dont il est capable, de faire un enseignement différencié, les élèves en difficulté bénéficiant de la plus grande attention de la part du professeur. L'expérience prouve que l'adolescent, investi de la confiance des adultes, ne déçoit pas. Au contraire. Il se

prend en main et adopte une attitude positive. Lorsqu'il est actif et autonome, l'élève met un point d'honneur à poser le moins de questions possible au professeur pour montrer qu'il est capable de se débrouiller tout seul ! Il construit ses connaissances et son savoir-faire avec un intérêt évident, se prend au jeu et cherche jusqu'à ce qu'il trouve. Du moins, c'est souvent le cas.

Y a-t-il des limites à l'utilisation généralisée des fiches de travail ?
Dans la pratique du travail individuel, les professeurs doivent faire preuve d'un sens aigu de l'organisation et d'une immense patience. En effet, les difficultés inhérentes à l'utilisation des fiches ne peuvent être purement et simplement négligées. Par souci d'honnêteté, citons quelques critiques :
- Certains élèves restent souvent longtemps inactifs en attendant que leur travail soit vérifié par le professeur, et une file d'attente peut même se former devant le bureau du professeur. Il faut donc prévoir des activités supplémentaires pour les plus rapides. Par ailleurs, le professeur ne peut corriger toutes les erreurs, c'est impossible. L'élève doit en être conscient et ne pas s'appuyer sans réserves sur le jugement de son professeur. Il doit acquérir, année après année, une grande confiance dans ses propres capacités.
- Le professeur passe plus de temps à corriger les erreurs qu'à enseigner, ce qui peut à la longue s'avérer une activité peu épanouissante. Pourtant, l'élève qui repart après une explication, heureux d'avoir enfin compris, apporte à son professeur une satisfaction non négligeable. Et quand il sollicite une information, il vient en demandeur intéressé et ne subit pas une explication dont il n'a que faire. Totalement différent !
- L'utilisation des fiches impose aux élèves de « suivre la

flèche ». Ceux-ci n'ont donc pas la possibilité de résoudre des problèmes pratiques ou de concevoir des expériences. Les appareils et les expériences sont proposés, sans possibilité de choix. Dans ce cas, la créativité, l'imagination sont court-circuitées. Mais chaque chose en son temps ! La fiche de travail pour les notions fondamentales. Le projet personnel pour laisser libre cours à l'esprit inventif. Et de fréquentes visites d'entreprises pour ouvrir les yeux aux réalités.

- Puisqu'il s'adresse à de petits groupes ou même à un seul élève, le professeur est donc amené à présenter plusieurs fois la même expérience ou le même exercice. Ne serait-il pas plus intelligent de proposer une seule démonstration à tous les élèves réunis dans un grand amphithéâtre ? Insistons sans réserves sur ce point. Le professeur qui s'adresse à tout le monde ne s'adresse en fait à personne. La relation est absente, support de la transmission du message, et la communication est de bien mauvaise qualité.

 - La recherche de l'information par l'élève, grâce à des réflexions, à l'aide de livres ou d'essais expérimentaux, souvent infructueux, prend beaucoup de temps. L'avancement dans le programme peut devenir trop lent. Il est donc essentiel que les fiches soient soigneusement préparées pour que l'élève sache exactement ce qu'il doit faire et ne soit pas amené à hésiter ou à s'embrouiller. C'est difficile ! Car rappelons quand même que l'apprentissage par tâtonnements est tout à fait souhaitable et que l'on ne peut pas parler de perte de temps ou d'énergie pour l'élève qui découvre et apprend. Par contre, le manque de rigueur doit être absolument évité.

- Le niveau des élèves n'est pas homogène. Ceux-ci n'avancent donc pas à la même vitesse et ne font pas le même travail en même temps. Le professeur doit par conséquent « danser » entre les tables et passer sans cesse

d'une question à une autre, ce qui n'est pas évident !
L'entraide élève-élève, très efficace, peut ici pallier cette
insuffisance inhérente au travail individuel. Un élève doué
peut encore perfectionner ses connaissances en expliquant
ce qu'il a compris à un autre.
- Au cours des travaux pratiques, il peut arriver que certains
élèves travaillent sans surveillance, le professeur étant
occupé ailleurs. Il faut donc s'en tenir à des montages
simples, sans danger.

Le projet personnel, clé de voûte d'une éducation réussie
Seule l'expérience des années peut permettre d'affiner
cette façon de travailler avant qu'elle ne donne toute
satisfaction. Une chose est sûre ! Si on leur accorde une
certaine indépendance, si on leur fait confiance, les élèves
acquièrent rapidement le sens des responsabilités et se
comportent de manière exemplaire. À ce sujet d'ailleurs,
un mot à propos du projet personnel que tout élève devrait
envisager. Sous forme d'une recherche qui va plus loin
que le TPE, d'expériences, d'une étude suivie d'un
compte-rendu, une petite thèse en quelque sorte, un travail
étalé sur un an, voire deux ans. Dès l'âge de quinze ans.
C'est une nécessité pour une bonne préparation à la vie,
incontournable quant à l'ouverture d'esprit que cet exercice
suscite, le sens des responsabilités qu'il développe, la
confiance en soi qu'il génère. Pour le plus grand bonheur
de l'élève ! Les professeurs sont toujours sidérés par la
transformation en quelques mois d'un élève « scolaire » en
un presqu'adulte affichant maîtrise de soi et confiance en
lui, montrant des capacités indéniables quant à l'initiative,
l'imagination et la mise au point rapide des solutions. Et
quels progrès également dans l'expression ! On déclenche
ainsi la motivation nécessaire à la réussite !

La difficulté de former et d'informer
En matière d'enseignement, la complexité est la règle. Rien n'est simple ! L'enseignant et l'apprenant ont chacun leur caractère propre. L'émetteur et le récepteur. Les hommes, les femmes, les garçons, les filles. En Bavière, on est revenus aux classes de jeunes filles, qui n'ont pas la même approche des mathématiques que les garçons. Des aspects tellement différents apparaissent d'un pays à l'autre. La France, par exemple, souffre d'une véritable culture du conflit. Face à face y signifie presque inévitablement confrontation, affrontement, couteaux tirés. Il faudrait vraiment éviter tout enseignement frontal dans les collèges et les lycées, au fonctionnement dominant-dominé, qui empoisonne les relations et entraîne passivité ou agressivité des élèves. En Italie, où existe, au contraire, une véritable culture de la communication, l'enseignement se présente différemment. Les classes sont vivantes mais calmes, et les professeurs sont bien acceptés. En Allemagne, pour d'autres raisons, il en est de même. Et en Écosse, les élèves avancent dans leurs études avec un grand sens des responsabilités, conscients à tout moment de leur véritable niveau. De profondes réflexions sont nécessaires qui concernent nos manières d'enseigner...

Donner du temps et de l'espace !
Chaque situation doit être examinée, étudiée, managée. La construction d'un futur adulte bien équilibré est extrêmement difficile. À tout moment, il faut veiller à tout. Se faire le plus discret possible, mais être là, repère solide. Donner du temps et de l'espace. Faire en sorte que chaque élève utilise efficacement son temps et soit intelligemment occupé. Mettre à sa disposition les ressources nécessaires. Ne pas se contenter de dire les faits ou les formules, mais montrer comment faire. « *Les élèves doivent assimiler*

personnellement et activement l'enseignement. » Antoine Prost cite également les *Propos sur l'éducation* d'Alain : « *Les cours magistraux sont temps perdu. Les notes prises ne servent jamais.* » Foin du maître-conférencier et des enseignements prétentieux ! « *Les savoirs ne se transmettent pas, ils se reconstruisent et chacun le fait pour son compte, à sa façon et suivant son propre rythme.* » Enseigner, c'est amener les élèves à construire eux-mêmes leurs connaissances et leur savoir-faire et à se forger une solide personnalité, riche et optimiste, qui leur permettra de vivre pleinement leur vie d'adultes et d'être utiles à la société des hommes.

Les réformes indispensables pour un système éducatif performant

Notre système éducatif vise, plus que tout autre au monde, l'excellence. L'intention est louable. Mais seuls peuvent en bénéficier les enfants bien nés, soutenus efficacement par leurs parents. Pour les mal nés, difficile de sortir du déclassement. Le clivage social s'aggrave toujours plus entre nantis et subalternes. Pour améliorer les résultats scolaires, comme la plupart des humains sont plutôt visuels, il faut toujours garder à l'esprit que l'on ne retient que 5% de ce que l'on écoute, 10% de ce que l'on lit, 80% de ce que l'on fait et 90% de ce que l'on est capable d'expliquer avec ses propres mots. Quand on essaie de changer quelque chose dans la société, on constate invariablement ceci : d'abord, les gens rient des idées nouvelles, ensuite ils les combattent, et, par la suite, ils finissent par les accepter comme normales. Ci-après, quelques propositions…

- Une énorme entreprise comme l'Éducation nationale, avec plus d'un million d'employés, a une telle inertie qu'il est pratiquement impossible de faire bouger les choses. Un état dans l'état, fonctionnant à part, coupé des réalités. Il faut absolument scinder, scinder et encore scinder cet organisme devenu ingérable. Et l'ouvrir au monde. Avec une gestion en place pour des décennies, c'est-à-dire une gestion locale avec des personnels compétents et attachés au long terme, pour un suivi efficace loin des ordonnances parisiennes aveugles. Le ministre des Finances allemand, Wolfgang Schäuble, est aux commandes depuis plus de dix ans. Grâce à son expérience, il a du poids lors des négociations européennes. Le ministre des Affaires étrangères, Hans-Dietrich Genscher, n'a pratiquement jamais quitté son poste durant sa carrière et a été l'un des grands artisans de la réunification allemande. Aux postes-clés, il faut absolument de la continuité pour des résultats à long terme.

- Le cours frontal doit être aboli. Les « profs » (expression péjorative) craignent tellement les bavardages qu'ils se sentent obligés de parler et de parler sans arrêt et personne n'écoute vraiment. Recopier le tableau sans chercher à comprendre, comme le font trop souvent la plupart des élèves, n'est vraiment pas la solution ! Des témoignages d'éléments sérieux qui disent perdre leur temps en classe ne sont pas rares. Il serait donc pertinent de proposer aux élèves des fiches de travail leur donnant les moyens d'étudier de manière autonome et responsable. Bien sûr, il serait alors nécessaire d'amener en classe ces magnifiques manuels scolaires que produisent nos éditeurs, ouvrages si peu utilisés. Il est absolument indispensable d'habituer très tôt les élèves à étudier de cette façon. Commencer en terminale avec des fiches de travail, ça ne marche pas ! Les élèves attendent qu'on leur dise ce qu'il faut faire. Se prendre en main, compter sur eux-mêmes, ils ne savent pas d'emblée !

- René Haby, en 1975, avait certainement les meilleures

intentions du monde en créant le collège unique. Il voulait mettre tous les élèves sur un même pied d'égalité et permettre à tous d'accéder à un meilleur niveau. Mais il faut reconnaître que cela ne fonctionne pas et que les choses vont de mal en pis. Déjà, à douze ans, les enfants ont des vécus tellement différents qu'il est impossible de les faire marcher d'un même pas. Autant que possible, il faudrait former des petits groupes, des ateliers dans toutes les disciplines. Bienvenue aux enseignements pratiques interdisciplinaires ! Les EPI ! À ce sujet, précisons que les TPE des lycées sont, d'année en année, plébiscités par tous et montent en puissance. La créativité est innée chez l'homme, encore faut-il l'entretenir.

- L'enseignant doit être particulièrement motivateur, c'est-à-dire aimer les jeunes et montrer la passion de la matière qu'il enseigne. Et non seulement distribuer des connaissances, mais habituer les élèves à l'autonomie, les initier à la créativité. Il faut absolument former les futurs enseignants aux pédagogies éprouvées (Montessori, Freinet, etc.) et assurer leur formation continue, suivie, enrichissante...

- Éviter l'usage immodéré d'internet, qui rend superficiel, paresseux, incapable de chercher-trouver dans les livres et dictionnaires.

- Faire du proviseur un véritable chef d'entreprise, responsable en particulier du recrutement des professeurs. Et, pourquoi pas, comme en Écosse, en chef d'établissement, un enseignant élu par ses collègues, pour une durée de deux ans, et plus, si cela convient. Quand on endosse le costume de proviseur, on devient vraiment proviseur, c'est-à-dire que l'on épouse la fonction. Responsabilités obligent. Le titre peut monter à la tête. D'où l'idée du « petit chef » qui circule dans les couloirs et que craignent tant les professeurs. Et, pourtant, le monde réel fonctionne partout avec des responsables et des subalternes. Mais le monde à part de l'enseignement récuse cette réalité. Il faut dire que le professeur, isolé dans sa classe, seul maître à bord, protégé envers et contre tout, bénéficie d'une indépendance et d'une liberté uniques au monde, et a peu de comptes à rendre. « *Ici, l'on peut gâter un élève sans qu'il n'en coûte rien.* »

- Évaluation des enseignants entre eux et entraide au lieu du chacun pour soi ! Plus d'enseignants bien formés aux techniques éducatives et formatives et moins de « profs savants » ! Surtout, les inviter à sortir de l'école. Et, pourquoi pas, un nouveau corps d'enseignants acceptant des obligations de service plus prenantes, mais mieux rémunérées. Dans le cadre de départements gérés par des responsables élus pour favoriser la concertation et le travail en équipes.

- Interdire toute évaluation avant douze ans. Les notes sont source de tension ! Proposer aux plus grands des questionnaires (QCM) sur internet pour une auto-évaluation en toute discrétion, à l'abri des regards d'autrui. Les sales notes habituelles, ça tue ! Les « profs » ne gagnent rien à inscrire ces notes dans le carnet. À la maison, devant ces notes, les parents en rajoutent ! L'élève doit pouvoir se tromper sans avoir peur d'être sanctionné...

- Abolir les redoublements, s'occuper tout particulièrement des élèves en difficulté. Avant tout, donner confiance. Respecter ce grand besoin de tout un chacun d'être considéré. Faire retrouver l'envie d'apprendre, présente à la naissance, mais qui s'effiloche ensuite à cause d'une éducation inadaptée. Éviter d'étouffer la motivation.

Susciter l'autodétermination en évitant de tout imposer. L'élève doit absolument avoir du plaisir à apprendre et en retirer des satisfactions motivantes.

- Adapter les programmes aux populations... Encore l'autre jour, en aide aux devoirs, six ados viennent me voir : « *On ne comprend pas ce qu'il faut faire...* » Comparez les techniques des deux poètes (Paul Éluard et un autre)... alors que les parents ne parlent pas français à la maison. En technologie, classe de 5e, à apprendre par cœur : « *L'analyse des objets permet d'identifier les fonctions qu'ils assurent et les solutions techniques retenues pour les réaliser, résultats de choix de construction reposant sur une organisation structurelle (formes et volumes)...* » Dois-je continuer ? Cherche-t-on vraiment à dégoûter les enfants d'étudier ? Notre responsabilité, en tant qu'enseignants, que parents, qu'encadrants, est de donner à l'élève les outils pour conduire sa formation de manière responsable.

- Il faut absolument concevoir un baccalauréat à unités capitalisables ! Nos baccalauréats « tout compris », une ineptie ! Les programmes sont bien trop chargés. Il n'en reste pas grand-chose dans l'esprit des élèves après quelques années. Trop d'heures de cours équivalent à de simples garderies, sans suite, et ne laissent aucune trace dans les cerveaux. On pourrait en supprimer beaucoup, ainsi que des postes d'enseignants devenus inutiles. Le système éducatif doit être au service des élèves et non des enseignants ! Ce n'est pas en augmentant le nombre d'enseignants que l'on améliorera l'enseignement, surtout si l'on va jusqu'à recruter à des niveaux très bas. Il faut absolument sortir de l'idée d'un enseignement unique dispensé à des élèves indifférenciés par des enseignants mutés de-ci, de-là sur tout le territoire.

- L'apprentissage doit être valorisé, suivi par choix et motivation et non réservé comme trop souvent aux ados en échec scolaire ! Après quatre ans d'apprentissage dans les meilleures conditions, des millions de jeunes Suisses, Autrichiens et Allemands se retrouvent à vingt ans bien formés, capables de se prendre en main, de faire face à des responsabilités et participent pleinement à la bonne santé des entreprises de leur pays.

- Généraliser l'aide aux devoirs. Se contenter de mettre sur la bonne voie, de donner confiance, d'inviter à ouvrir les livres. Faire appel aux retraités qualifiés pour ce travail. Ils sont nombreux à rechercher une activité qui redonne du sens à leur vie...

- Faire campagne pour sensibiliser les parents au fait qu'en gâtant exagérément les enfants en bas âge, ils compromettent leur avenir, en font des paresseux, voire des tyrans ! Et adieu la motivation nécessaire à toute réussite ! Bonjour le découragement, la résignation, l'échec !

- Développer les ateliers scientifiques dès le plus jeune âge. (cf. *La main à la pâte* de Georges Charpak). Il faut informer les parents des possibilités et proposer des ateliers gratuits. Les enfants adorent et la France manque cruellement de scientifiques qui pourraient lui faire retrouver son rang.

- Appliquer, dès la maternelle, les méthodes éducatives révolutionnaires de Maria Montessori et de Célestin Freinet. Dans les garderies, les écoles maternelles où les enfants font joujou, sans but précis, des milliards de synapses et de neurones prometteurs s'autodétruisent parce qu'inutilisés. Des millions de cerveaux restent sous-développés, dépendants des autres, incapables de faire des études supérieures, condamnés à obéir, voués à la platitude. Sans tomber dans les excès sud-coréens, il est essentiel d'améliorer la formation des tout-petits pour leur assurer un avenir décent.

- L'école, dans ses pratiques, doit absolument tenir compte du véritable fonctionnement du cerveau ! « *Or, l'école tue la créativité. Notre système éducatif ayant été conçu sans rien connaître du cerveau, nous observons aujourd'hui, sans surprise, que son ergonomie est minimale...* » (Idriss J. Aberkane). En particulier, il serait grand temps de tenir compte du fonctionnement de l'hippocampe, qui traite les informations et qui est la seule partie du cerveau à pratiquer la neurogenèse, c'est-à-dire la production de nouveaux neurones. Or, les sales notes, l'inconfort en classe, l'anxiété, les problèmes à la maison maintiennent souvent nos élèves en état de stress chronique. Il est désormais établi que cette neurogenèse est, dans ces conditions, perturbée, voire gravement diminuée...

- Favoriser autant que possible l'entente cordiale entre enfants/ados, parents et enseignants, qui, seule, permet efficacité et épanouissement.

Les six propositions éducatives de « Nous Citoyens »

Proposition 1 : Miser sur le corps enseignant
- Responsabiliser les chefs d'établissement au plan pédagogique
- Organiser des parcours de carrière pour les enseignants
- Mieux rémunérer les enseignants en échange de plus d'heures passées dans les établissements
- Améliorer la formation pédagogique, communiquer et récompenser la performance éducative

Proposition 2 : Garantir les fondamentaux éducatifs pour tous
- Renforcer le temps alloué aux matières fondamentales
- Renforcer le suivi individuel, l'évaluation et l'encouragement
- Renforcer le travail de groupe, l'expérimentation

Proposition 3 : Personnaliser les parcours scolaires
- Permettre l'apprentissage à partir de quatorze ans
- Revaloriser les formations professionnelles

Proposition 4 : **Piloter le système au niveau éducatif et financier**
- Attribuer un budget aux établissements et laisser de l'autonomie de gestion aux chefs d'établissements sur le modèle de ce qui se fait dans les autres pays
- Mettre en place le « chèque-éducation » qui peut s'inscrire dans la logique du principe de l'autonomie des établissements

Proposition 5 : **Simplifier l'administration de l'éducation**
- Simplifier le nombre et les niveaux de gestion de l'Éducation nationale
- Revoir le statut des enseignants
- Réduire le nombre de personnels administratifs
- Renforcer l'autonomie des établissements

Proposition 6 : **Oser l'innovation au service de l'enseignement**
- Utiliser davantage les technologies numériques
- Tisser des liens constructifs entre l'école et l'entreprise

Les propositions « Nous Citoyens » seront amendées en fonction de ses retours adhérents. Elles seront enrichies des travaux et réflexions menées dans les différentes commissions thématiques.

Critique personnelle : Le travail des enfants est interdit avant seize ans. À quatorze ans, est-ce qu'on est capable de choisir la bonne voie ?

L'aide aux devoirs pour les internes d'un lycée

Compte-rendu de fin d'année au proviseur du lycée dans lequel j'ai exercé comme bénévole, concernant toutes les disciplines, des secondes aux classes terminales (quatre-vingt-cinq internes).

- Les élèves sont demandeurs, m'approchent volontairement, ce qui change tout par rapport au cours frontal traditionnel. Cela autorise des connexions bien plus fructueuses. Le contact direct permet à tout moment d'ouvrir les yeux, d'encourager, de montrer de la considération pour les efforts évidents. Les élèves demandeurs sont particulièrement motivés, concrets, actifs. Par contre, pour une question posée, la plupart des élèves attendent d'un enseignant une explication rapide, claire et précise. Surtout à un mois du bac ! Or, il est proposé recherche active et conjointe de la réponse… Ce qui provoque certainement des réactions du genre : « *S'il ne répond pas aux questions, il ne sert à rien* », ou même « *S'il ne répond pas directement, c'est qu'il ne connaît pas la réponse.* » Ce qui est assurément souvent le cas !

- Il n'est bien sûr pas question pour moi de refaire les cours. Donc, assis à une table, dans une des petites salles du CDI, entouré souvent de trois élèves et plus, j'incite ceux-ci à rechercher activement avec moi la solution à leur question (cours ou problème) à l'aide des livres et, bien sûr, avec des tâtonnements. Certains élèves doivent se dire : « *Il n'est pas doué, ce prof, il fait des erreurs !* » Mais cela fait partie de ma présentation, de ne pas être celui qui sait tout, la ressource infaillible, mais un chercheur qui fouille à gauche et à droite avec pour objectif de trouver et de montrer qu'en cherchant activement et avec persévérance, on finit toujours par trouver. C'est bon pour le moral et cela crée cette confiance en soi qui manque tant aux élèves pour réussir.

- Ainsi, mon message courant, c'est : « *Ouvrez vos livres.* » Malgré certaines réticences du genre « *Pourquoi étudier dans le livre, alors que j'ai mon cours* », souvent, des élèves découvrent leurs manuels et les magnifiques schémas que l'on y trouve. Or, nous disposons en France des manuels scolaires de loin les meilleurs du monde. Les livres de mathématiques de TS, de physique-chimie de nos éditeurs sont de véritables chefs-d'œuvre, très agréables à feuilleter, à découvrir, à étudier. Les élèves les utilisent peu pour étudier, mais seulement pour les énoncés des problèmes à faire en devoirs. C'est dommage ! Et le CDI est particulièrement bien achalandé en manuels, en dictionnaires, etc. En fait, les élèves viennent en classe avec un classeur, c'est tout. Ils n'apportent pas leurs manuels que les professeurs pourraient mettre à profit dans leur enseignement.

- L'intérêt d'un travail soigné et précis. Avec les élèves, nous faisons usage sans modération de feuilles de brouillon pour les recherches tous azimuts. « *Représentez la situation à l'aide d'un schéma et la solution vous apparaîtra.* » Et de papier millimétré. En maths, en physique, les élèves découvrent qu'un crayon bien taillé, du papier millimétré suffisent à obtenir des solutions graphiques tout à fait satisfaisantes, qui évitent souvent des calculs longs, laborieux, générateurs d'erreurs (vecteurs en TS). Toutes les semaines, à mes frais, distribution de dizaines de doubles décimètres, de crayons, d'équerres, de compas, de rapporteurs, de feuilles de papier millimétré, etc. Surtout au collège, où les élèves n'ont souvent que des bouts de crayon et des morceaux de règle.

- L'usage immodéré des ordinateurs et d'internet pour apprendre est une erreur, dont il faudra revenir bien vite. Les élèves ne savent pas utiliser un dictionnaire, deviennent incapables de chercher-trouver dans les ressources du CDI. Beaucoup d'élèves ne réfléchissent plus, deviennent hyper-dépendants d'internet, superficiels en tout. Pensez aux mathématiques modernes (théorie des ensembles) que l'on nous avait imposées à une certaine époque et dont on est revenus après des dégâts irrémédiables dans la tête de millions d'élèves. D'après des statistiques réalisées en Allemagne, entre l'ordinateur, la télé, les jeux vidéo, les ados passent plus de sept heures par jour devant un écran. Sans parler des téléphones portables. Il y a vraiment du souci à se faire !

- Les élèves en difficulté ne viennent pas spontanément demander de l'aide. Gêne, paresse, insouciance ! Il faut aller à leur rencontre, souvent sans succès. « *Encore un prof le soir, et j'en ai déjà vu défiler quatre ou cinq aujourd'hui.* » Il faudrait peut-être les pousser un peu ! « *Les filles sont plus matures que les garçons* », me disait une élève. C'est vrai que les garçons se font prier, alors que les jeunes filles viennent assez facilement me voir.

- Les élèves croient savoir leur cours, mais quelques questions précises les obligent à vite reprendre le cahier de cours. L'étude est trop souvent superficielle. On apprend uniquement forcé pour la prochaine interrogation, pour le bac. Après, on oublie vite. Les internes ont pourtant la possibilité de s'interroger entre eux, d'approfondir leurs connaissances, de vérifier leur niveau. Le travail dans un groupe est toujours très fructueux. Comme l'autre jour, *Le syndicalisme en Allemagne de 1845 à nos jours*, avec recherche dans les livres d'histoire et d'allemand et dans les cahiers de cours. Un exemple pour les nouveaux Enseignements Pratiques Interdisciplinaires !

- Les élèves font leurs devoirs d'anglais, d'allemand, d'espagnol sans dictionnaire sur la table ! Une fois même, une élève me demande de corriger sa rédaction d'anglais imprimée. Pas une seule faute ! « *Vous avez fait un copier-coller, non ?* » Pas de réponse (= assentiment !). Souvent, les élèves essaient de rédiger directement en anglais ou en allemand ou en espagnol et, bien sûr, le travail n'avance pas. Les connaissances sont insuffisantes. D'abord en français, SVP, ensuite le dictionnaire et la traduction ! Et rien n'interdit aux internes de se parler entre eux en anglais, en allemand, etc.

Jusqu'à présent, mon statut était d'être « à disposition ». L'organisation de rendez-vous permettrait une meilleure gestion si j'étais prévenu un jour avant par e-mail. J'aurais ainsi la possibilité de préparer mes interventions, surtout en maths en TS. Il faut dire que les élèves sont demandeurs principalement en mathématiques. En physique-chimie également. Un peu en français, en histoire, en SVT, en langues étrangères. Remarquons que la culture générale des élèves laisse un peu à désirer. La montagne est à l'écart des grands centres culturels. Comment y remédier ?

Motivation et dopamine : le duo gagnant pour réussir !

Comment rendre le cerveau performant ? Comment améliorer les apprentissages de nos enfants ? Comment favoriser l'envie d'apprendre à tout âge ?

Les enfants naissent programmés pour apprendre, la tête bourrée de neurones avides de découvrir, de comprendre et de créer. Pourtant, à la maison, comme déjà mentionné, en gâtant exagérément leurs enfants, en étant absents, certains parents négligent trop souvent des aptitudes extraordinaires et font malheureusement de leurs enfants des paresseux, voire des tyrans. Dans de trop nombreux cas, le développement du cerveau reste insuffisant, superficiel, inadapté à notre monde en évolution rapide. À l'école, ce n'est pas mieux. Trop contraignante, tout y est imposé. L'élève ne se sent pas libre. Le résultat insensé est que l'envie d'apprendre est peu à peu et irrémédiablement étouffée.

« *Mon fils n'est pas motivé ! Mes élèves ne sont pas motivés !* » Le leitmotiv habituel que l'on entend bien trop souvent. L'absence de motivation est certainement, entre autres, l'une des causes de l'échec scolaire ! Mais cette motivation énergisante absolument nécessaire à toute réussite scolaire, quelle peut bien être son origine ? La dopamine ? Ce neurotransmetteur produit au niveau des synapses dans le cerveau et qui est synonyme de bien-être ? Pour beaucoup, c'est la marque du bonheur qui envahit le cerveau quand on est heureux, amoureux, beau, en bonne santé, quand il n'y a pas de problèmes, quand le frigo est plein, etc.

Des recherches récentes montrent que c'est un peu plus compliqué. En fait, la dopamine serait, entre autres fonctions, une partie intégrante du système d'apprentissage. Quand on a bien travaillé sur quelque chose d'utile et que le résultat est meilleur qu'attendu et que les « autres » le reconnaissent, le cerveau nous signifie que l'on est sur la bonne voie avec la sécrétion de dopamine. Notre subconscient s'adresse par ce moyen à notre conscient, suscitant ainsi la motivation nécessaire à toute réussite. La dopamine serait ainsi le signe de la récompense, élément indispensable pour progresser efficacement, pour donner envie d'aller plus loin, pour créer de l'innovant. Avec plaisir ! Évolution oblige…

À l'évidence, quand on patauge dans les sales notes, comme beaucoup d'élèves, quand le succès se fait attendre, on n'y a pas droit… à cette production de dopamine. D'où déception, découragement avec les effets néfastes qui s'ensuivent : dépression, manque de confiance en soi, passivité, paresse, au mieux révolte, au pire résignation. En d'autres termes, pour que les enfants retrouvent confiance, il faut absolument de bons résultats scolaires pour tous. Comme en Finlande, où les élèves ont une bonne image de l'école et sont les champions du monde de la réussite scolaire. France : 26e ! Notre système éducatif, avec sa sélection à outrance des meilleurs éléments, mais aussi des enfants dont les parents peuvent payer les cours particuliers, causent le découragement et la résignation chez de nombreux élèves. Qui n'essaient même plus de trouver des solutions aux problèmes rencontrés. Ce que l'on appelle la sélection sociale artificielle !

Ainsi, pas de dopamine peut signifier malheureux, résigné ou agressif, mauvais. Beaucoup remplacent cette dopamine qui leur manque par de la cocaïne, qui a la même action, mais dont on connaît les effets secondaires désastreux.

Il serait donc souhaitable de veiller attentivement à la sécrétion de dopamine dans les millions de cerveaux des enfants et des adolescents qui fréquentent les établissements scolaires. Avec des enseignants passionnés par leur métier. La dopamine produite ferait dire à chacun : « *Je suis sur la bonne voie, j'aime apprendre, je persévère malgré les difficultés, je deviens l'acteur de ma formation, et non un résigné à l'échec, perdu dans les immenses troupeaux de l'Éducation nationale.* » Peut-être le seul moyen pour créer la motivation et la réussite scolaire généralisée nécessaire au bon fonctionnement du pays, qui bat sérieusement de l'aile en ce moment... Et il y a du boulot, parce que la plupart de nos élèves n'ont pas une bonne image de l'école, qui a complètement perdu le sens du long terme. « *L'école et ses ravages* », le père de Blaise Pascal en parlait déjà.

Pour amener une note plus sympathique après cette constatation amère, un mot sur les ateliers scientifiques pour les petits, qui contribuent à l'alphabétisation scientifique. L'enfant doit pouvoir agir en toute autonomie et être en contact direct avec le réel. « *Rien ne suscite davantage émerveillement, curiosité, expérimentation, apprentissage du langage et de l'argumentation...* », comme disait Georges Charpak. Expérience personnelle : MJC d'Évian, treize enfants de six à sept ans, ateliers hebdomadaires, on essaie, on imagine, on crée, on se trompe, on réfléchit, on recommence... Quand les enfants vous appellent, ayant réalisé tout seuls leurs montages... « *Robert, viens voir, j'ai réussi, ça marche...* » On voit bien aux visages rayonnants que les cerveaux débordent de dopamine. Le plaisir est là, indispensable, motivant, qui donne envie d'aller plus avant. En prime, à leur insu, les enfants produisent des millions de nouvelles connexions entre neurones, ce qui fait qu'ils sont nettement plus intelligents qu'avant la séance. De plus, les enfants tiennent à emporter leurs montages pour les montrer à leurs parents. Là aussi, bonjour la dopamine pour tous à la maison quand on procède aux démonstrations. Bien sûr, les parents, entraînés par leurs enfants dans les découvertes passionnantes, ne peuvent que poursuivre à l'envi cette formation ouverte au monde. Que voilà une bonne et saine motivation ! Et non cette motivation extrinsèque soumise à la politique de la carotte (félicitations) ou du bâton (blâmes) et qui suppose de houspiller sans cesse. Précisons que le matériel utilisé est des plus simple et ne coûte pas cher.

Anecdote personnelle : à la fin des vacances chez « papi de la montagne », quand maman vient rechercher les enfants, on présente les cahiers de vacances soigneusement emballés dans du papier cadeau et minutieusement complétés... Je ne vous dis pas la fontaine de larmes que cela provoque, due à l'évidence à un excès de dopamine... Résultats meilleurs qu'attendus !

En conclusion, on pourrait dire que motivation et réussite se synergisent et constituent le vrai puissant levier pour apprendre et entreprendre efficacement. Dit autrement, la seule chaîne vraiment rentable pour réussir : une activité qui a du sens, des efforts récompensés et reconnus, donc du plaisir, de la motivation pour persévérer, *and, at the end, you do something you really love to do !* Rappelons qu'à la naissance, nous avons tous à peu près autant de neurones dans la tête pour le stockage des informations à venir. Ensuite, les efforts pour apprendre, pour comprendre, pour se perfectionner, pour créer multiplient par milliards le nombre de synapses entre ces neurones. L'intelligence dépend de toutes ces structures neurales, de toutes ces liaisons entre neurones qui se mettent en place à chaque cogitation, à chaque perception de nos sens. Une sorte de connectique qui se fait et se défait, qui s'organise selon les besoins cérébraux, en particulier pendant le sommeil. A notre insu, notre cerveau est véritablement un organe autogestionnaire.

À la conception, les êtres humains sont à peu près tous sur la même ligne de départ, avec un ADN personnel qui restera inchangé tout au long de la vie et dont les instructions codées seront à l'origine de tous les développements du corps. Mais, à l'évidence, les enfants surdoués bénéficient d'un environnement particulièrement favorable quand leurs ascendants ont beaucoup travaillé dans certains domaines, comme la musique, le théâtre, les mathématiques, et développent ainsi des structures cérébrales exceptionnelles et des facultés cognitives hors du commun. Les exemples ne manquent pas : Mozart, Chopin, Liszt, Strauss, Bach, Jean-Michel Jarre avaient des parents qui ont soigneusement préparé le terrain musical nécessaire à ces futurs compositeurs d'exception ! La famille Einstein celui des mathématiques et de la physique pour le futur Albert ! Et, bien sûr, Étienne Pascal a fait de son fils et de sa fille les génies que l'on connaît...

Des méthodes éducatives alternatives de plus en plus suivies

Élise est en 3ᵉ et veut devenir footballeuse professionnelle. Elle a du caractère. En septembre, à l'aide aux devoirs : « *Mais, Monsieur, si vous ne répondez pas directement aux questions qu'on vous pose, vous ne servez à rien.* » Et fin décembre : « *En fait, vous voulez qu'on se débrouille tout seuls.* » Mais la bonne formule que l'on aimerait tant de sa part serait : « *Aidez-moi à faire seule.* » Ils sont nombreux les enseignants qui y croient et qui s'essaient à des pédagogies innovantes pour le plus grand bien de leurs élèves. Entre autres…

- Un terrain de jeu très prisé par nos petits et moins petits, c'est celui des ateliers scientifiques proposés dans les MJC et les foyers culturels. On y présente des expérimentations à partir d'observations dans l'environnement. Aux enfants d'essayer, de chercher, de comprendre et de maîtriser les situations. Avec des moyens rudimentaires et beaucoup de tâtonnements. « *Qu'ils n'apprennent pas la science, qu'ils l'inventent.* » (Rousseau). L'animateur guide sans donner les réponses, encourage sans cesse pour susciter la motivation nécessaire au succès.

- Dans les écoles privées Montessori, les enfants trouvent des activités qui les rendent autonomes, responsables, disciplinés, ordonnés. Le matériel à disposition stimule et canalise leur curiosité innée. La maîtrise de soi et la créativité sont grandement favorisées. On apprend en faisant. Rien n'est imposé. Pas de travail collectif. La maîtresse ne s'adresse jamais à tous en même temps. La règle est l'indépendance de chacun.

- Célestin Freinet, instituteur vers 1900, pratiquait l'enseignement autant que possible en dehors de l'école et du milieu scolaire. Il laissait les enfants exprimer leurs observations. Les élèves les plus avancés aidaient les autres. On devait pouvoir se tromper sans la peur d'être sanctionné. Pas de notes, mais des fiches autocorrectives. Beaucoup de professeurs de ces écoles publiques suivent son exemple. Bravo ! « *Le développement de l'enfant est déterminé par son engagement dans des travaux dont il perçoit la signification et qui l'amènent à effectuer des apprentissages finalisés.* » (Philippe Meirieu citant Célestin Freinet). La signifiance est fondamentale pour retenir.

- Plus près de nous, Piaget disait qu'en cherchant soi-même, on apprenait solidement. Eh oui, l'élève doit apprendre par lui-même... redécouvrir, recréer ! La transmission des connaissances, une grande illusion ! La seule méthode efficace : chercher, trouver, essayer, imaginer et créer !

- Dans plus de mille établissements d'enseignement en Allemagne, la méthode LdL (bien présentée en français dans Wikipédia) a, depuis vingt-cinq ans, fait ses preuves. « Lernen durch Lehren » (apprendre en enseignant) ou « Learning by teaching » en Grande-Bretagne. Jean-Pol Martin, le promoteur de la méthode il y a trente ans, a établi le principe suivant. Les élèves s'enseignent mutuellement tous les contenus des manuels dès le début de l'apprentissage. LdL ne doit en aucun cas être confondu avec un exposé ou un cours magistral. En effet, les élèves – trois devant toute la classe – doivent non seulement introduire les nouveaux contenus, mais également utiliser une didactique adéquate pour chaque sujet (travail en tandem ou en groupe, interprétation des documents ou des expériences, etc.), vérifier si le savoir a été assimilé par leurs camarades et relancer la motivation si celle-ci tend à faiblir. Croyez-moi, quand un camarade vous explique, le courant passe nettement mieux qu'avec un adulte. Et celui qui explique approfondit efficacement ses connaissances et s'affirme devant tous. La passivité, non merci !

- Toute notre manière de penser traditionnelle repose sur la réaction logique aux informations perçues. Le cerveau d'un adulte comprend des milliards de structures construites grâce aux informations perçues antérieurement. Quand une situation nouvelle se présente, instantanément, le cerveau vérifie dans sa bibliothèque s'il l'a déjà rencontrée pour pouvoir lui appliquer le traitement qu'il connaît par expérience. Mais, avec les années, le cerveau apprend de moins en moins et fonctionne essentiellement grâce aux structures acquises. Telle situation, telle réaction logique, sans créativité. C'est là qu'il faut se secouer les puces et ne pas s'endormir dans des habitudes convenues. La pensée latérale (Edward de Bono), l'intuition, l'humour permettent de modifier ces structures bien enracinées et, ainsi, de voir les choses autrement. La clé pour créer des idées nouvelles ! La neuroplasticité pour sortir des sentiers battus ! En fait, la créativité peut s'apprendre dès le plus jeune âge.

Vous l'aurez compris, les méthodes éducatives actuelles

n'ont pas ma préférence. Basées sur le face à face entre l'émetteur et le récepteur, selon l'expression de Louis Legrand. Qui fabriquent trop souvent des individus démunis, dépendants, plutôt paresseux ou, pire, résignés. L'école, dans ses pratiques, ne tient pas compte du véritable fonctionnement du cerveau. Alors que les apprentissages pourraient être tellement exaltants. Que l'école pourrait avoir une bonne image pour tous et former des citoyens créatifs, utiles, indispensables à la société. Et heureux.

Des principes éducatifs à respecter à la maison

- Demande-t-on aux parents ce qu'ils attendent de l'éducation de leurs enfants, la majorité répond : qu'ils deviennent indépendants, capables de se débrouiller dans la vie et de se forger une propre opinion des choses. Et en fait, beaucoup de parents sont hyperprotecteurs, veulent tout contrôler, tout diriger et ne font pas du tout ce qu'il faudrait faire, au contraire. Ils emprisonnent, empêchent de penser librement, faussent les jeunes esprits. Leur responsabilité est grande. Alors que leur rôle est d'éveiller, de montrer, d'être un exemple à suivre. Ils doivent apprendre aux enfants à se maîtriser, à devenir indépendants et créatifs. A devenir autonomes, c'est-à-dire capables de s'administrer eux-mêmes. Leur donner les clés pour accéder à l'autodétermination doit être le principal objectif. Tout cela, dans le respect de l'autre. « *Un sentiment mixte, composé simultanément d'affection et de crainte* », comme l'écrit Jean Piaget.

- On entend souvent des parents déclarer : « *J'éduque tous mes enfants de la même façon et, pourtant, ils ont des caractères différents. Il y a donc, quoiqu'on dise, de l'inné chez chacun.* » Mais rien ne prouve cette affirmation. Garçons, filles, des âges différents, des conditions différentes, des parents qui évoluent, tout cela fait que les récepteurs que sont les enfants ne perçoivent pas du tout les mêmes messages. Leurs bandes passantes sont différentes. Seule l'empathie permet d'améliorer l'influence positive des proches.

- Le principe fondamental : les enfants doivent se sentir aimés, vraiment aimés par des parents épanouis, motivés, ambitieux. Shy'm, à l'assurance magnifique, au plus fort de son concert mené grand train, ovationnée à Bercy par vingt mille fans enthousiastes, qui crie dans le micro : « *Merci Maman, je t'aime !* » Bravo, Madame, vous avez fait du bon boulot. Jamel, qui, lors de ses interviews, répète inlassablement : « *Sans mes parents, je n'aurais jamais réussi tout ce que j'ai entrepris !* » Et les six jeunes Buonaparte n'auraient jamais si bien réussi à percer sans l'amour, le soutien et l'ambition de leur mère, Maria Letizia, Madame Mère, l'auteur du fameux « *Pourvou qué ça doure !* » Vous l'aurez compris : « *Sans amour, on n'est rien du tout.* » Comme le chantait si bien Édith Piaf.

- En premier lieu, bien sûr, exit les jeux sur ordinateur et autres consoles, qui rendent accros et isolés !

- Nos enfants en bas âge sont programmés pour courir à gauche et à droite, pour voir, découvrir, essayer et créer. Tout en leur laissant une grande autonomie pour découvrir le monde qui les entoure, vous devez bien sûr exercer une vigilance de tous les instants. Pas d'accident !

- Chaque être humain possède un ADN qui lui est propre,

mélange à la conception des ADN de ses parents. Cet ADN reste inchangé tout au long de la vie. Même si, par ses études et son travail, son cerveau devient très performant, ses enfants ne pourront pas bénéficier de gènes « améliorés ». Ce n'est donc que par l'éducation qu'ils pourront profiter des facultés cognitives supérieures des parents. Albert Einstein s'est peu occupé de ses enfants. Aussi, ceux-ci n'ont-ils pu faire carrière comme lui...

- Des expérimentations récentes ont montré que la stimulation précoce, dès l'âge de trois mois, par des jeux et un environnement appropriés développe l'envie et la capacité d'apprendre. Qui apparaissent vers deux ans bien supérieures à celles d'enfants placebos éduqués de manière habituelle. On peut y ajouter des talents supérieurs à la moyenne. En créativité, musique, dessin, lecture, calcul, compréhension, etc. En fait, rappelons-le sans cesse, c'est capital, le bébé dispose rapidement de milliards et de milliards de connexions entre ses neurones, qui sont tout d'abord des sentiers dans la jungle cérébrale. Les connexions qui sont fréquemment utilisées se renforcent, deviennent des autoroutes. Et chaque effort intellectuel crée de nouvelles connexions. Malheureusement, comme déjà mentionné, celles qui ne servent pas s'autodétruisent. Trop d'enfants perdent ainsi, très vite, une grande partie de leur capital d'intelligence. Il n'est jamais trop tôt pour développer son cerveau...

- Avec l'âge, mais le plus tôt possible, suscitez l'intérêt pour les livres. Pas n'importe lesquels. Et laissez les enfants s'exprimer et tenter d'expliquer ce qu'ils observent, ce qu'ils comprennent. Écoutez-les avec beaucoup d'attention. Ils ont tellement besoin de considération et de se sentir soutenus.

- Avec un comportement irréprochable, montrez l'exemple, incitez les enfants à vous suivre sur le bon chemin. Laissez-les s'essayer à l'autonomie, l'indépendance, la responsabilité. Encouragez-les dans tout ce qu'ils entreprennent. Ce sont rarement des enfantillages ! La créativité est inscrite dans leurs gènes. En particulier, jamais de reproches, de houspillages, c'est destructeur, cela entraîne le découragement. Quand un enfant renverse son lait, décrivez le fait de manière neutre : « *Je vois du lait renversé, il nous faut une éponge.* » La fermeté et la bienveillance, inséparables ! Mesdames Faber et Mazlish insistent avec humour : « *Pour être compris des enfants, il vaut mieux remplacer un paragraphe par une phrase, une phrase par un mot, un mot par un geste.* »

- La confiance en soi, l'estime de soi sont une construction de tous les jours qu'il faut ériger avec le plus grand soin. C'est ce qui permettra dans la vie d'avancer vers le succès. La confiance en soi, c'est la clé de la réussite. La confiance en soi libère le cerveau de ces barrières, de ces inhibitions, de ces entraves qui empêchent le penser clair et net. Quand on a confiance en soi, on bouge, on ose, on se lance. On croit en ce que l'on ressent. Décider devient facile. Et il y a du choix dans notre pays. Un homme exceptionnel que je connais bien va jusqu'à dire : « *En France, pour ne pas réussir, il faut vraiment le faire exprès.* » Avouons quand même que ce n'est pas toujours facile, c'est vrai. Mais, avec un bon départ dans la vie, avec des parents et des enseignants qui vous aiment vraiment, tout devient possible. Dans la joie ! La motivation suivra assurément, puis le succès. Pour être crédibles, les parents, les enseignants doivent être des passionnés, si possible toujours de bonne humeur. Pensez également à la musique, qui adoucit les mœurs, qui rend plus sensible aux belles choses de la vie.

« *Mais, vous prodiguez des conseils difficiles à suivre dans la réalité quotidienne, faute de temps et d'argent, entre autres. À la bourre, toujours à la bourre ! Le plan B, toujours le plan B !* » C'est vrai, pour les mamans, mener de front carrière professionnelle et éducation des enfants nécessiterait de profonds bouleversements dans la société. Heureusement, les blocages dus à la primauté masculine se réduisent peu à peu. « *Kinder, Kirche, Küche, das ist endlich vorbei !* » Enfants, église, cuisine, c'est fini, tout ça ! De plus en plus, les papas participent aux travaux ménagers et s'occupent des enfants. Et des congés parentaux bien plus longs et bien rémunérés, comme en Autriche ou en Suède, seraient essentiels pour un développement harmonieux des jeunes cerveaux. Un investissement judicieux pour l'avenir du pays. Les nounous, aussi consciencieuses soient-elles, ne peuvent remplacer les parents.

Le projet personnel : cap sur la vie...
et sur Albuquerque !

Les 12 et 13 mars 1998 a eu lieu à l'Office Européen des Brevets la présentation des dix-huit projets pour le JSHS (Junior Science and Humanities Symposium). Lors de la remise des prix, le samedi 14 à l'École Européenne de Munich, lorsque nous avons entendu que c'était notre projet qui avait été retenu, et que nous avions gagné un voyage d'une semaine aux États-Unis, à Albuquerque (Nouveau-Mexique) pour assister à la finale mondiale du JSHS, nous avons surtout pensé au plaisir de cette aventure. Certes, le voyage sera sûrement inoubliable, mais c'est loin d'être le seul bénéfice que nous pourrons retirer de notre travail.

Nous pensons que la réalisation d'un projet personnel est à la portée de chaque élève, s'il a assez de courage, de curiosité et de motivation. Mais qu'est-ce donc qu'un projet personnel ? C'est un travail de recherche scientifique hors du cadre scolaire traditionnel. C'est en accord avec les nouvelles méthodes pédagogiques actives. La réalisation d'une telle entreprise demande des mois de préparation et de réflexion, ainsi que des travaux de recherche, en particulier

sur internet. Ce fut l'occasion pour nous de travailler de manière plus approfondie, et de nous familiariser avec des moyens d'information modernes, ce qui est indispensable dans notre monde actuel.
Il est impossible de mener à bien un travail de ce type sans une organisation très précise. Nous avons ainsi appris à gérer notre temps pour mener de front le travail scolaire et cette étude. Il nous a fallu aussi nous mettre d'accord sur la manière dont le projet allait être mené. Il nous a fallu bien préciser et délimiter le sujet, nous procurer le matériel d'expérimentation, mettre au point les appareillages, effectuer les expériences.

La rédaction de la thèse et sa présentation devant une grande audience, en majorité anglophone, ont été l'occasion d'améliorer notre niveau de langue et de nous familiariser avec le contact du public.

Et, last but not least, nous avons pu fortifier notre sens de l'équipe et notre goût de contact international. Il est évident que nous avons dû aussi résoudre des problèmes matériels qui nous ont obligés à être plus réalistes et plus conscients du monde extérieur à l'école. Sans compter que nous avons eu le plaisir d'avoir, de temps en temps, l'impression que l'école était entièrement à nous en y restant le soir et en y venant ponctuellement les week-ends. Conscients de l'atout que représente pour notre avenir « le projet personnel », nous sommes prêts à faire part de nos expériences à ceux qui désirent se lancer dans la même aventure.

Sophie Lanniel, Frédéric Denantes, Sébastien Klein
Trois élèves de Terminale scientifique de l'École Européenne de Munich
Projet : « Comparative Study of Passive Magnetic and Ball

Bearings ». Étude comparative des roulements magnétiques passifs et des roulements à billes. Étude menée durant six mois avec le soutien de l'Université Technique de Munich.

Cliquer à l'excès déclique le cerveau...

Rien ne va plus aujourd'hui sans l'ordinateur, sans internet, sans téléphone portable. Pour un élève raisonnable qui passe cinq heures par semaine en recherche intelligente d'informations sur internet et qui a une bonne culture générale lui permettant de filtrer tout ce qu'il découvre, l'apport est certainement positif. En physique, en chimie, en biologie, l'ordinateur est un outil qui facilite grandement les tâches. Tout comme l'ampèremètre, la burette, le laser, le microscope. Et le traitement de texte rend bien service. Mais, pour une majorité d'élèves qui ne pensent qu'à jouer sur l'ordinateur, l'effet est néfaste. Il y a là grand danger, car l'utilisation intensive de ces nouveaux moyens digitaux détraque souvent définitivement les cerveaux des jeunes générations. On devient accroc. Adieu maîtrise de soi, indépendance d'esprit... Pourquoi apprendre, tout est sur le web !

Certains chiffres sont alarmants. En Allemagne, les adolescents passent en moyenne plus de sept heures par jour devant les écrans (internet, télé, jeux vidéo...). La réflexion intelligente est dangereusement mise à l'écart. On devient paresseux, superficiel, adepte de la facilité, passif, incapable de se prendre en main, de se concentrer. Les conséquences sont des difficultés pour s'exprimer, pour apprendre, pour mémoriser. Pour écouter les enseignants et les parents. Stress, dépression, augmentation de la violence sont également constatés. Autant dire nombre de vies condamnées à la platitude !

Manfred Spitzer (*Digitale Demenz*), qui mène campagne contre cette dangereuse dérive, va jusqu'à dire que les fondements de nos sociétés sont en danger ! « *Unser Gehirn funktioniert in einer wichtigen Hinsicht so ähnlich wie ein Muskel. Wird er gebraucht, wächst er, wird er nicht benutzt, verkümmert er.* » En bon français, le cerveau fonctionne un peu comme un muscle. S'il est utilisé, il se développe, sinon, il dépérit ! Dès que l'on est confronté à un problème et que l'on cherche vaillamment à le résoudre, quand on apprend fermement pour s'améliorer, les synapses se multiplient par milliards, même si le nombre de neurones décroît inexorablement avec l'âge, et cela dès l'enfance. L'augmentation du volume du cerveau au cours de la croissance est due en particulier à la création de liaisons entre neurones lors des apprentissages. Et, face à l'afflux d'informations, les neurones aussi augmentent de volume et s'associent en réseaux. La neuroplasticité, déjà mentionnée. C'est ainsi que les capacités cognitives se développent, donc l'intelligence. Si on se laisse aller au cliquage à tout-va, ce n'est pas bon, surtout au niveau de l'hippocampe, le « grand central », le médiateur, le « dispatcher » des informations, le seul dans le cerveau capable de créer de nouvelles cellules ! En fait, l'hippocampe produit sans arrêt de nouvelles cellules, mais celles-ci meurent rapidement quand elles ne sont pas utilisées à bon escient. « *Aide-toi et le ciel t'aidera.* » Mais, rien à voir avec les dieux ! Au boulot, c'est tout !

Remarquons au passage que le stress démolit de nombreuses cellules nerveuses du cerveau. Dans les jeux vidéo des jeunes, les images défilent bien trop vite, le cerveau est sous tension, à ses limites. Sans aucun bénéfice pour l'éducation.

À l'évidence, dans les bureaux, l'industrie et les laboratoires, les ordinateurs améliorent considérablement les performances, mais pas à l'école. Il n'y a pratiquement aucun article prouvant les bénéfices des smartboards et autres tablettes pour les apprentissages. Par contre, les articles sont de plus en plus nombreux qui montrent les effets négatifs des ordinateurs sur le développement de l'intelligence. Dans les établissements scolaires où les ordinateurs sont devenus « obligatoires » et leur usage incontournable, on a vraiment du souci à se faire. Il est grand temps de mettre un frein à cette folie collective et de revenir aux livres. Pour apprendre à compter, à écrire, les doigts, les mains des petits sont irremplaçables. Leur procurer des tablettes par millions comme on compte le faire en France et d'ailleurs est une grave erreur !

Depuis un million d'années, l'homo sapiens a dû se battre âprement pour survivre, pour s'adapter aux changements climatiques, pour inventer des solutions à tous les problèmes qui se présentaient. Son cerveau s'est ainsi développé de manière extraordinaire. Et voilà que des « informaticiens de génie » s'acharnent à mettre ce cerveau sur la touche, à le vouer à l'inutilité et donc à le condamner au dépérissement, puisque son fonctionnement efficace est ralenti ! « *I fear the day that technology will surpass our human interaction. The world will have a generation of idiots.* » Je crains le jour où la technologie prendra le dessus sur les relations humaines. Le monde connaîtra alors une génération d'idiots. Albert Einstein

Quelques ateliers scientifiques
de sept à treize ans
... et beaucoup d'autres sur
www.wikidebrouillard.org

Les menus suivants sont destinés aux animateurs et aux parents. Aux enfants sont proposés du matériel et des idées d'expérimentation. A eux de chercher, d'essayer, de trouver des bribes d'explications, de finaliser un montage. De manière autonome, sous surveillance. Avec des moyens rudimentaires et beaucoup de tâtonnements ! Mais avec du soin. L'animateur présent guide, sans plus ! « *Il s'agit de faire vivre aux enfants des expériences dont ils pourront tirer de l'étonnement, de l'émerveillement, un savoir empirique. Plus tard pourra naître la claire conscience d'une relation de cause à effet ou d'une loi.* » (Georges Charpak)

Samedi 7 janvier 2012 (onze enfants au Foyer Culturel de Sciez, un papa et une maman pour aider)
Expériences sur les combustions et la nécessité de l'oxygène
- Combustion du sucre : morceau de sucre blanc, assiette en plastique, sable, fil de fer, pince à linge en bois, bougie, allumettes, cendres grises
- Extinction des feux : bocal de 25 cm de hauteur environ, vinaigre,

bicarbonate, allumettes, bougie
Exploitation des résultats
- Faire couler du sable fin dans un entonnoir.
Comparer avec l'eau.
- Avec de la pâte à modeler bleue et noire et des allumettes, représenter l'atome d'oxygène, l'atome de carbone, la molécule de gaz carbonique.
- Combinaisons chimiques ?

Samedi 14 janvier 2012
Expériences sur les propriétés de l'eau
- L'eau se met en boule : feuille de journal imprimé, 2 capsules de bouteille de lait, un peu d'huile, allumette, goutte d'eau, assiette plastique comme support
- Dessins psychédéliques : assiette en plastique, capsule, lait, encre, produit vaisselle, allumette
- Attraction électrostatique d'un filet d'eau : évier, robinet, filet d'eau, cuillère en plastique ou tube de PVC, pull de laine
Exploitation des résultats
- Avec de la pâte à modeler bleue et rouge et des allumettes, représenter la molécule d'eau.
- Propriétés de l'eau ?

Samedi 21 janvier 2012
Expériences d'électrostatique
- Confection d'un pendule électrostatique : pâte à modeler, paille en plastique, fil à coudre très fin, tube de PVC de 40 cm découpé à la scie dans un tube de 2 m ou cuillère en plastique, pull en laine, scotch, morceaux de polystyrène expansé
- Attraction électrostatique d'autres objets : attaches de sac-poubelle, petits papiers
Exploitation des résultats
Charges électriques dans la matière ?

Samedi le 28 janvier 2012
Expériences sur les aliments énergétiques. Notion d'énergie
- Mise en évidence du gaz carbonique : bicarbonate de sodium, vinaigre, pot de sauce tomate en verre, pot de yaourt de verre, eau de chaux
- Produits de la respiration humaine : pot de yaourt en verre contenant de l'eau de chaux, paille de plastique
- Produits de la combustion d'une bougie : bougie allumée, pot de yaourt en verre imbibé d'eau de chaux

- Combustion des glucides : combustion du sucre déjà réalisée, pommes chips, corn flakes, frites, bâton de bretzel, spagetti, farine, maïzena, assiette en carton, fil de fer, pince à linge en bois à ne pas brûler, cuillère ou spatule en bois à ne pas brûler

Exploitation des résultats
Structures de la molécule d'eau et de la molécule de dioxyde de carbone, l'amidon, l'eau iodée, la photosynthèse ?

Samedi 4 février 2012
Pouvoir énergétique des aliments
Comment faire bouillir de l'eau avec une cacahuète ? (sous surveillance des parents SVP)
Cacahuète, bougie, tube à essais, pot de yaourt en verre pour déposer le tube à essais chaud, assiette en carton comme support, épingle, pince à linge en bois, fil de fer

Existence et pression des gaz
- Pourquoi la bouteille remplie d'eau et retournée sur une cuve à eau ne se vide pas ?
- Comment transvaser un gaz d'un récipient à un autre sans pertes : 2 tubes à essais, cuvette
- Comment récupérer pur dans un tube à essais le gaz expiré par les poumons : paille, pot de sauce tomate en verre, cuvette remplie d'eau
- Mise en évidence de la pression de l'air ambiant : pot de yaourt en verre rempli d'eau, feuille de papier
- Dilatation ou contraction des gaz suivant température : bouteille plastique d'Evian vide et bien fermée jetée dehors par - 15 °C ! Pas de problèmes en montagne en hiver !
- Vaporisation de l'eau à réaliser par l'animateur : tube à essais, 5 ml d'eau, bougie allumée, fil de fer, pot de yaourt en verre pour déposer le tube chaud

Conclusion
Nature d'un gaz, composition de l'air, molécule de dioxygène, molécule de diazote, molécule de gaz carbonique, molécule d'eau, pâtes à modeler de différentes couleurs, allumettes

Samedi 3 mars 2012
Thème du jour : **La pression atmosphérique**
Questionnement, observation
- Écrabouillage d'une bouteille d'eau en plastique non rigide : entonnoir, un peu d'eau bouillante, bouteille plastique vide, bouchon bleu
- Bouteille en verre de Coca-Cola pleine d'eau qui, renversée, ne se

vide pas : pot de yaourt en verre, bouteille pleine d'eau
Expérimentation
- Pipetter exactement 15 gouttes d'eau colorée dans un tube à essais : encre rouge, paille en plastique, pot de yaourt en verre contenant environ 15 ml d'eau colorée, tube à essais dans un autre pot de yaourt en verre
- Pot de yaourt plein d'eau qui, retourné, ne se vide pas : cuvette en plastique pour éviter dégâts des eaux inévitables, pot de yaourt en verre, feuille de papier de 10 cm sur 10 cm environ
- Ballon qui se gonfle tout seul à l'intérieur d'une bouteille : bouteille en verre d'un litre environ, entonnoir, un peu d'eau bouillante, ballon de baudruche
- Écrabouillage d'une canette vide : 4 bougies accouplées pour une bonne puissance de chauffe, canette de Coca en métal avec environ 10 ml d'eau froide, 50 cm de fil de fer pour tenir la canette sans se brûler les doigts, pince coupante, cuvette en plastique remplie d'eau
Conclusion
Vapeur d'eau ? Buée ? Gaz ? Dilatation des gaz ? Altitude ? Vide sidéral ? Composition de l'air atmosphérique ? Molécule de diazote ? Molécule de dioxygène ? Molécule de dioxyde de carbone ? Toujours avec des pâtes à modeler de différentes couleurs et des allumettes.

École des Faverges, mardi 11 septembre 2012
Idée : **Certains insectes marchent sur l'eau. Comment est-ce possible ?**
Matériel à disposition (x 13)
Verre en plastique, tube à essais, eau, bouchon, papier absorbant, huile, couscous, poivre, talc, polystyrène, liquide vaisselle, allumettes, paille, tube en PVC
Expériences proposées
- Verre en plastique, eau, bouchon. Pourquoi le bouchon flotte ?
- Verre en plastique, eau, feuille papier absorbant 5 cm sur 5 cm environ. Pourquoi le papier coule-t-il ?
- Verre en plastique, eau, différents matériaux (couscous, poivre, talc, polystyrène, etc). Conclusions ?
- Verre en plastique, eau, une goutte d'huile. Observations ?
- Pot yaourt en verre, tube à essais, 10 ml d'eau, 2 ml d'huile. Observations ?
- Feuille de papier huilé sur assiette en plastique légèrement inclinée, goutte d'eau. Observations ?
- Assiette en plastique, eau, poivre, une goutte liquide vaisselle avec

allumette. Observations ?
- Fil d'attache de poubelle, tube en PVC frotté sur vêtement. Expérimenter la répulsion entre le fil et un tuyau PVC frotté !
- Filet d'eau coulant du robinet, tube PVC frotté. Conclusion ?

Conclusion

Le canard flotte sur l'eau, le cormoran, bon nageur, coule. Pourquoi ?

Le site *physique-chimie.fr*

Ce site gratuit vous présente des fiches de travail, que vous soyez élève de lycée, étudiant ou déjà dans la vie active. Elles vous sont nécessaires pour étudier de manière autonome la physique et la chimie des trois années menant aux différents baccalauréats scientifiques européens, dont les programmes sont relativement similaires. Des fiches qui s'en tiennent à l'essentiel des notions à étudier, ce qu'il faut surtout savoir. De nombreux problèmes avec réponses sont également proposés. En français, en allemand et en anglais. Mais aussi pour vous, professeurs de physique-chimie, qui recherchez des énoncés en langues étrangères !

Les fiches sont essentiellement composées de questions. Il vous appartient de rechercher vous-même et activement les réponses dans les manuels scolaires, non obligatoirement récents. Les programmes changent régulièrement tous les quatre ans. Et donc les éditeurs produisent de nouveaux manuels scolaires, mais globalement, le fond reste le même. Les connaissances de base en physique et en chimie n'évoluent pas si vite. Vos ressources sont également les livres scientifiques des bibliothèques et, bien entendu, les observations à partir des expériences que vous pouvez réaliser, en prenant toujours un maximum de précautions. Beaucoup d'élèves de terminales dans les grands lycées parisiens – la présentation des programmes par les professeurs étant souvent terminée fin mars – se servent des fiches pour réviser et bachoter avant le bac. Pourquoi ne pas généraliser cette pratique ?

Il s'agit ici de mettre en application la philosophie expérimentale du siècle des Lumières.

« *Qu'il ne sache rien parce que vous le lui avez dit, mais parce qu'il l'a compris lui-même. Qu'il n'apprenne pas la science, qu'il l'invente. Si vous substituez dans son esprit l'autorité à la raison, il ne raisonnera plus, il ne sera plus que le jouet de l'opinion des autres.* » (Jean-Jacques Rousseau, *Émile ou de l'éducation*, 1792)... Toujours d'actualité !

« *Développer chez l'élève la faculté d'acquérir lui-même les lumières, le rendre instruisable.* » (Montaigne). Lui laisser de l'espace et du temps pour qu'il puisse construire lui-même ses savoirs et son savoir-faire. Se taire pour le laisser réfléchir. S'effacer pour qu'il puisse se prendre en main et s'élever. Susciter une bonne et saine motivation.

Est-ce vraiment ce que nous faisons dans nos écoles ? C'est plutôt la transmission illusoire des connaissances qui est la règle ! Nos élèves deviennent très rapidement incapables d'autonomie, de créativité, de joie à apprendre. Et l'on entend, trop souvent, dans les collèges en particulier : « *Si vous ne forcez pas les élèves à travailler, ils ne fichent rien.* » Quel ministre visionnaire aura le courage de faire évoluer vraiment l'enseignement en France ?

L'Ayurveda indien pour l'équilibre
« *Mens sana in corpore sano* »

Croyance surannée ou réalité tangible ? Ce qui compte, c'est de chercher à s'améliorer sans cesse et tous azimuts. Nous connaissons tous des hauts et des bas, quelquefois dans la même journée. Un événement inattendu, une maladie subite, une rencontre inopportune, une dispute incompréhensible... et la balance est par terre. Foncer chez le psy n'est pas la solution au jour le jour, compter sur les autres pour une aide éventuelle est presque toujours illusoire. Malheureusement, dans les cas difficiles, beaucoup finissent par s'abandonner à la résignation, à une vie banale et sans joie. Or, cela fait partie de s'éduquer, de se prendre en main que d'essayer de s'en sortir. Et, pour apprendre efficacement, il faut absolument être au top. L'ayurveda est un art de vivre vieux de trois mille ans, qui privilégie l'équilibre par-dessus tout et dont les conseils restent totalement adaptés à notre époque de surmenage, de stress, de lendemains incertains.

Il n'est pas question ici de reprendre, dans le détail, les nombreux livres sur ce sujet, mais de donner à grands traits quelques informations utiles. L'ayurveda distingue trois types d'êtres humains selon leur constitution et leur éducation. Vata, Pitta et Kapha. En général, prédominance de l'un des types et un peu des autres. *Nobody is perfect.* Les traits de caractère se décident au niveau des gènes qui gèrent, entre autres, les fonctions hormonales. L'exposition aux aléas de la vie est également déterminante.

Les personnes de type Vata ont un véritable don pour saisir et comprendre. Ont de la fantaisie et mettent facilement la main à la pâte. Sont sensibles, pleins d'énergie, voire turbulents. Penchent plutôt vers l'agitation et la nervosité. Maigres en général.

Les hommes et les femmes de type Pitta ne sont jamais ennuyeux. Ils sont passionnés, pleins de tempérament et seraient plutôt dominants. L'autocritique est leur force, mais aussi leur faiblesse. Souvent insatisfaits parce que perfectionnistes. La contrariété peut les démolir. Ils sont sensibles aux inflammations, aux désordres digestifs.

Les personnes de type Kapha gardent leurs nerfs dans les situations difficiles, sont fidèles, dévoués. Mais, sans objectif précis, sans travail, ils peuvent sombrer dans le découragement, l'indolence et la léthargie.

On voit déjà les causes éventuelles de déséquilibre de l'un ou de l'autre type. Et les maladies qui peuvent s'ensuivre. Problèmes cardiaques pour les types Vata, qui doivent absolument rechercher une vie bien réglée, un environnement calme, une posture détendue. Les types Pitta devraient toujours chercher à considérer les choses de la vie avec distance, parce que sinon, bonjour les brûlures d'estomac et les problèmes digestifs. Pour eux, le sport est vraiment une nécessité pour se dépenser à bon escient et se changer les idées. Et on peut conseiller aux types Kapha de ne pas seulement tirer des plans sur la comète, mais de passer à l'action avec des projets concrets. Ils doivent rechercher une vie stimulante pour ne pas tomber malades (refroidissement, problèmes pulmonaires, etc.).

Ceci dit, on peut passer d'un type à l'autre dans la même vie, ce qui complique un peu les choses. Mais, en gros, tout un chacun peut reconnaître son type prédominant et faire en sorte de ne pas tomber trop facilement dans le déséquilibre. On peut aussi, comme beaucoup, se condamner à vivoter peinardement en évitant autant que possible tous les changements, alors que l'on peut améliorer sensiblement sa vie en réfléchissant à de meilleures opportunités. Pour motiver les enfants, les parents se doivent d'être exemplaires et d'ouvrir des voies.

Bien sûr, à tous les types convient une vie saine et équilibrée. Des livres spécialisés proposent des conseils adaptés à chacun. Les épices et les aliments recommandés dans tels cas, ceux qu'il faut éviter dans tels autres. Pas de poivre pour les Pitta par exemple, pas de lentilles, pas de boissons acides (citrons, jus d'orange, Coca), pas d'oignon cru, d'ail, etc. Les massages corporels, le yoga, la méditation sont recommandés à tous. Surtout, pas d'alcool, pas de tabac. Revoyez vos habitudes, profitez de ces quelques recommandations et poussez plus avant vos recherches pour améliorer votre vie et celle de vos proches ! Et restez zen ! Quand on se sent bien, on est plus actif et, la dopamine aidant, le cerveau est bien plus efficace, les neurones meurent moins vite et prennent du volume, les synapses se multiplient par milliards, l'intelligence se développe !

Quelques commentaires recueillis au hasard des rencontres

- « *Vos suggestions sont intéressantes, mais le système éducatif étant ce qu'il est, il faut faire avec. On n'a jamais autant écrit sur l'éducation des enfants et jamais aussi peu fait pour assurer leur avenir.* » (Beaucoup de parents d'élèves motivés)

- « *75% des Français estiment que faire des études supérieures est une tâche impossible.* » (Lu dans la presse). Trop tôt découragés, ils se résignent !

- « *Vos réflexions m'ont intéressé, je suis moi-même grand-père motivateur. Bravo pour votre engagement.* » (Lionel Jospin)

- « *Les idées que vous présentez s'inscrivent dans le droit fil de notre démarche de refondation de l'école de la République. Elles viendront enrichir notre réflexion pour la préparation du projet de loi et la discussion qui va s'ouvrir au Parlement.* » (Vincent Peillon, ministre de l'Éducation nationale en 2012)

- « *Nous ne savons pas former des élèves vraiment autonomes.* » (Philippe Meirieu)

- « *Nos élèves n'aiment pas trop ça, le travail !* » (Luc Ferry, ancien ministre de l'Éducation nationale)

- « *Utopie, utopie, utopie, nos élèves sont incapables d'autonomie. Si vous ne les forcez pas à travailler, ils ne fichent rien !* » (un directeur de collège)

- « *Du pain et les jeux du cirque = le supermarché et le foot = rien de changé !* » (Mon voisin)

- « *Les élites s'acharnent à dresser des obstacles à l'éducation du peuple.* » (Lu sur internet).
Les élites et les ilotes, une guerre civile, continuelle et sans issue ! Les uns pour préserver patrimoines et prérogatives, les autres pour tenter d'améliorer l'ordinaire. Que d'énergies perdues !
- « *Notre système éducatif est sans pitié.* » (Un proviseur)

- « *Un moyen infaillible de sélectionner les meilleurs nageurs est d'organiser un naufrage.* » (*La Constante Macabre* d'André Antibi)

- Dans son numéro du 19 juin 2013, lepoint.fr accuse les programmes absurdes de décerveler les élèves !

- « *Vous ne changerez pas le monde. 20% de dominants , 80% de dominés, il en a toujours été ainsi.* » (Opinion courante)

- Une Valaisanne me précise : « *Votre livre n'aurait aucun intérêt en Suisse. Vos propositions sont depuis longtemps en application chez nous.* »

- « *Ne suivez jamais le troupeau, tracez votre propre vie. Ayez l'ambition de vous en sortir seul, l'ambition d'accomplir quelque chose. Ce qui compte, c'est que la vie ait un sens.* » (Margaret Thatcher)

- Les gens vivent dans la crainte. De la mort, de la maladie, de l'accident, du chômage, de se retrouver seuls, mais surtout du changement ! (Opinion largement exprimée)

- « *Vos Grandes Écoles produisent pour beaucoup des dirigeants imbus d'eux-mêmes, arrogants, méprisants et vos entreprises déclinent. Il y a quelques années, le patron de Volkswagen avait débuté sa carrière à 14 ans comme apprenti-tourneur. Estimé de tous, il a largement contribué au succès de son entreprise. Ce qui ne va pas du tout en France, c'est l'incapacité des employeurs et des employés à s'entendre, à négocier et à coopérer efficacement pour le bien de l'entreprise. C'est la culture du conflit typiquement française.* » (Viktor Hoffmann, ancien PDG de grandes entreprises)

- « *Vos analyses éducatives montrent bien que, dès le début, les uns ont toutes leurs chances et les autres pas vraiment. L'école égalitaire ?* » (Beaucoup de parents motivateurs)

- « *Auch bei uns in Deutschland gibt es keine Chancengleichheit. Dein Projekt für Eltern und Grosseltern habe ich eifrig studiert.* » Chez nous également, il n'y a pas d'égalité des chances. J'ai étudié ton projet avec ferveur. (Une enseignante en Allemagne)

- « *J'ai été élevée dans la haine des Allemands.* » Une Française de l'après-guerre. Il en faudra du temps et des générations pour parvenir à une véritable fédération des états européens.

- Des remarques de mamans : « *Je suis contre le travail des enfants.* » Sous-entendu, les enfants, c'est fait pour jouer. « *S'il fallait que j'ouvre les livres pour savoir comment éduquer mon gamin...* » Sous-entendu, une maman sait comment faire instinctivement. « *Lasst Kinder Fehler machen und manchmal auch in Niederlagen reinlaufen, aber vergesst nicht, sie danach aufzuheben und aufzubauen. Denn elementar ist die Erfahrung...* » Laissez les enfants se tromper et même aller dans le mur, au figuré, bien sûr. Mais, n'oubliez pas ensuite de les relever et de les reconstruire. Car, l'expérience personnelle est essentielle... « *Achtung, unglückliche Eltern sind schlechte Eltern.* » Attention, les parents malheureux sont de mauvais parents.

- À l'école maternelle Montessori de Melbourne : « *Attends, petit bonhomme, je vais t'aider, c'est trop difficile !* » Et ma petite Alexia, trois ans, avec humeur and with an australian broad accent : « *No, Papi, I've to do it alone !* »

- Sur la plage de Nice, ma petite Lina, même pas un an, remarque que je ramasse des petits cailloux blancs, bien polis, bien ronds, qui part à quatre pattes et me ramène des trésors de petits cailloux blancs. Ensuite, en quelques années, je ne vous dis pas, la collection. L'exemplarité !

- Marie Curie transmettait à sa fille Irène et aux enfants de son entourage son amour de la science et son goût de l'effort en les invitant dans ses laboratoires. Un critique de l'époque s'en moquait... « *Ce petit monde qui sait à peine lire et écrire a toute licence de faire des manipulations, de construire des appareils et d'essayer des réactions... La Sorbonne et l'immeuble de la rue Cuvier n'ont pas encore sauté, mais tout espoir n'est pas perdu !* » (Christian Jougla)

Épilogue

C'est une scène vécue par un lecteur du *Nouvel Obs*.
Une dame âgée est à la caisse d'une grande surface, où la caissière est occupée à pointer ses achats.
Derrière elle, un « sale gamin » de neuf ou dix ans pousse le chariot de sa mère dans les pieds de la vieille dame...
Une fois, deux fois, trois fois... La vieille dame se retourne et demande au gamin d'arrêter.
Le gosse continue volontairement, une fois, deux fois, trois fois...
La vieille dame s'en prend alors à la mère : « *Vous ne pouvez pas lui demander d'arrêter, Madame, s'il vous plaît ? Votre fils me fait très mal !* »
« *Non !* dit la mère, *ma méthode d'éducation consiste à le laisser faire tout ce qu'il veut, sans interdits, pour qu'il prenne conscience tout seul du tort qu'il fait aux autres. C'est plus efficace !* »
Derrière la mère et son fils, un jeune homme de dix-neuf ans attend son tour avec quelques courses à la main, dont un pot de confiture de groseilles rouges. Il dévisse calmement le pot de confiture et le déverse sur la tête de la mère du sale gosse.

La mère se retourne furieuse ! Le jeune homme la regarde en riant :
« *Voilà*, dit-il, *moi, j'ai été élevé comme votre fils, je me comporte donc comme je veux.* »
La vieille dame, à l'avant, se retourne et dit à la caissière : « *Le pot de confiture... c'est pour moi !* »

... Voilà ! Pour terminer sur une pirouette. Parce que ce n'est pas gagné ! Les parents éduquent leurs enfants comme ils ont eux-mêmes été éduqués. Et les nombreux divorces n'arrangent rien. Les choses n'évoluent donc qu'à tout petits pas. Quand les enfants ne travaillent pas bien à l'école, les enseignants accusent les parents, les parents accusent les enseignants. Comment susciter une prise de conscience collective à l'échelle nationale des dysfonctionnements de l'éducation ? La question reste entière. L'empathie, la réflexion, l'humour peuvent décrisper les situations, mais cela demande à tous beaucoup de courage et de bonne volonté. Un conseil éducatif venu du Canada résume assez bien notre propos. « *To talk so kids will listen and listen so kids will talk.* » Empathie, quand tu nous tiens !

Mais l'amour et l'attention portés aux enfants ne résolvent pas tout. Confrontés aux mêmes événements, deux individus vont réagir différemment. Certains sont plus vulnérables que d'autres. Déséquilibrés par une information inattendue, les inquiets méditent et ruminent. Les fonceurs, non. Nos gènes ne nous gèrent pas tous de la même façon. La sécrétion d'hormones et de neurotransmetteurs, dépend du code génétique et de l'exposition aux événements, entre autres. Si l'on y ajoute l'influence de l'environnement familial et scolaire et du climat, chacun développera progressivement les caractères qui lui sont propres. De fait, la génétique a encore beaucoup à nous apprendre sur nous-mêmes...

Bibliographie

ANDRÉ Jacques, *Éduquer à la motivation*, Éditions L'Harmattan, 2005
« *Toute réussite est suspendue à la motivation, cette force qui pousse à agir.* » Et autre aspect : « *Or, si l'enfant désire savoir du fait de sa curiosité naturelle et de son aspiration à grandir, on constate que, très souvent, il a peur d'apprendre, car apprendre, c'est prendre des risques, affronter l'inconnu, l'échec éventuel, l'évaluation négative et la perte d'estime des autres et de soi.* »

ATTALI Jacques, *Blaise Pascal ou le génie français*, Le Livre de Poche, 2010
On découvre, en particulier, Étienne Pascal, le père de Blaise, d'Angélique et de Gilberte, qui n'envoya pas ses enfants à l'école, préférant assurer lui-même leur éducation. « *L'école et ses ravages…* »

BAEHREL Robert, HENDERSON Walter, *Changer l'école, un pari possible*, Éditions L'Harmattan, 1992
« *Le livre est à la fois un diagnostic et une ordonnance. Il analyse les causes de l'inadaptation de notre enseignement*

à la société dans laquelle nous vivons. Il présente un plan radical de réforme qui permet à l'élève de conduire sa formation de manière responsable. Il redéfinit la formation et les attributions des professeurs. Les stratégies proposées relèvent du sens pratique. Elles ont été testées et se sont avérées efficaces en France et à l'étranger. »

CAPRA Fritjof, **Lebens Netz, Ein neues Verständnis der lebendigen Welt**, Taschenbuch, 1999
« *Was ist Leben ? Diese Frage steht am Anfang aller Wissenschaft und Philosophie.* » L'auteur propose des fondements pour répondre aux questions essentielles concernant l'origine et le futur de l'homme.

CAVADA Jean-Marie, **Une marche dans le siècle**, Calmann-Lévy, 2007, « *La prise de parole d'un témoin parmi d'autres, un témoin dont beaucoup pourront juger que la vie l'a plus gâté que d'autres, mais pour qui, au départ, les choses étaient loin d'être gagnées.* »

CHARPAK Georges, **La main à la pâte**, Flammarion, 2011
« *L'enseignement des sciences de la nature tient-il une place suffisante à l'école maternelle et élémentaire ? Toutes les enquêtes montrent que ce n'est pas le cas. Pourtant, est-il rien qui suscite davantage l'émerveillement…* »

de BONO Edward, **La boîte à outils de la créativité**, Éditions Eyrolles, 2013
« *La créativité n'est pas réservée aux génies ! Elle ne relève pas non plus de l'inspiration ou du délire. Au contraire, elle est à la portée de tous si elle est structurée et rigoureuse. La pensée latérale permet d'aborder chaque question sous un angle neuf et de générer des idées nouvelles. Pour être créatif, nous devons nous échapper de ces plans tracés*

à l'avance par notre cerveau… » Également, *I am right, you are wrong*, dont le titre est particulièrement explicite, *Masterthinker's Handbook*, pour développer le penser efficace et productif.

de CLOSETS François, *Le bonheur d'apprendre, et comment on l'assassine*, Seuil, 1996
« Pourquoi l'école apprend-elle tout, sauf le bonheur d'apprendre ? Pourquoi l'école rend-elle ennuyeuses des matières passionnantes ? »

Der Spiegel, *Kampfauftrag Kind*, 33/2013
« Aus Angst, der Nachwuchs könnte im Leben scheitern, überwachen Eltern ihre Kinder. Aus nächster Nähe kontrollieren sie, natürlich voller Liebe, Schullaufbahn, Studium und Karriere. Ob aus den behüteten Geschöpfen glückliche Erwachsene werden, ist fraglich. Wie können Eltern erkennen, wann sie ihrer Fürsorge übertreiben. » Ce qui veut dire qu'en chapeautant exagérément les enfants, on compromet leur avenir !

FABER Adèle et MAZLISH Elaine, *Parents épanouis, Enfants épanouis*, Aux Éditions du Phare, 1974
« Un outil indispensable pour assurer l'épanouissement des parents et de leurs enfants. » L'impact déterminant des expériences de l'enfance sur l'avenir des sociétés et des individus…

GUEGUEN Catherine, *Pour une enfance heureuse*, Pocket, 2015
« Repenser l'éducation à la lumière des dernières découvertes sur le cerveau qui bouleversent notre compréhension des besoins de l'enfant. » Bravo, Docteur, vous remettez en cause nombre d'idées reçues.

GENTZBITTEL Marguerite, *Madame le Proviseur*, Seuil, 1991 et *La cause des élèves*, Seuil, 1991
« *Comment devenir proviseur d'un des plus prestigieux lycées de France ? Il suffit d'être née gauchère d'une mère femme de ménage et d'un père cheminot, et de devenir boursière…* »

GUNTHERN Gottlieb, ***Der Kreative Weg***, Mi-Wirtschaftsbuch, 1991
« *Der kreative Weg führt durch die Wüste der Komplexität und endet in der Oase der Einfachkeit. Er schlängelt sich am Treibsand der Resignation vorbei und vermeidet die Fata Morgana der Selbstzufriedenheit. Wer sich auf die Kompassnadel seiner Intuition und auf das Urteil seines kritischen Denkens verlassen kann, wer durchhält und unentwegt durch die Dünen des Anspruchs stapft, der kommt ans Ziel, das die Erfüllung bringt.* » Le chemin de la créativité conduit à travers le désert de la complexité et se termine dans l'oasis de la simplicité. Il zigzague entre les sables mouvants de la résignation et évite le Fata Morgana de l'autosatisfaction. Celui qui peut compter sur la boussole de son intuition et sur le jugement de sa pensée critique, celui qui tient le coup à travers les dunes de la prétention, celui-là atteint ses objectifs…

HÜTHER Gerald, ***Biologie der Angst, Wie aus Stress Gefühle werden***, Sammlung Vandenhoeck, 2001
« *Die neuesten Erkenntnisse über die biologische Funktion der Stressreaktionen im Gehirn…* » Le rôle du stress dans la construction du cerveau, quand se présente une menace ou, du moins, une situation inattendue qui demande une réaction rapide et appropriée pour être contrôlée. Le stress fait partie du mécanisme de défense du corps.

Intelligence Magazine n° 3, ***Comment le cerveau se régénère grâce au sommeil ?***

JOSPIN Lionel, ***Le mal napoléonien***, Seuil, 2014
« *Mon essai est celui d'un homme politique, informé des ressorts du pouvoir et animé d'une certaine idée de ce que sont, à travers le temps, les intérêts de son pays. J'ai eu envie de faire partager à des lecteurs un cheminement qui part d'une période cruciale de l'histoire de France et me conduit jusqu'à nos jours, afin d'éclairer certains aspects du présent. L'Empire de Napoléon, puis le Second Empire, se sont achevés sur des désastres. Et pourtant, on continue à se référer au bonapartisme de manière souvent flatteuse. J'ai voulu voir pourquoi.* » Il faut du courage pour s'attaquer au mythe napoléonien.

KAHNEMAN Daniel, ***Schnelles Denken, langsames Denken***, Siedler Verlag, 1990
Traduit du livre ***Thinking, fast and slow***
« *Wie treffen wir unsere Entscheidung ? Warum ist Zögern ein überlebensnotwendiger Reflex, und warum ist es so schwer zu wissen, was uns in der Zukunft glücklich macht ?* » De nombreux exemples bien concrets nous permettent de mieux comprendre comment fonctionne le cerveau. Quels sont les cheminements qui aboutissent à une décision. La méfiance fait partie du système de défense et évite de se lancer de manière hasardeuse...

LEGRAND Louis, ***La différentiation pédagogique***, Éditions Armand Colin, 1986
« *L'école, la famille et l'État. La lutte contre l'échec scolaire* »

La Recherche, mars 2015, *Comment le stress modifie notre cerveau ?*

Le Point, 22 janvier 2015, *École, les méthodes qui marchent, comment fonctionne le cerveau de nos enfants !*

LIEURY Alain, FENOUILLET Fabien, **Motivation et réussite scolaire**, Éditions Dunod, 2013
« *L'inventaire des différentes formes de motivations, de la motivation intrinsèque à la résignation apprise, autrement dit le découragement* ». L'importance de l'autodétermination.

MANDELBROT Benoît, **Une approche fractale des marchés**, Éditions Odile Jacob, 2011
« *La géométrie fractale a contribué à modéliser le climat, à étudier les cours des fleuves, à analyser les ondes cérébrales et les mouvements sismiques, et à comprendre la distribution des galaxies. Elle a également énormément à apporter en finance. Pour en étudier les risques. Pour analyser la formation et l'explosion des bulles financières. Pour mettre un peu d'ordre dans l'évolution des cours de la bourse qui se baladent entre panique et euphorie...* »
Ma conviction est que la lecture de ce livre peut beaucoup apporter concernant la vie en général, avec ses hauts et ses bas. L'avenir de tout un chacun est imprévisible. La vie peut être dangereuse. Et pourtant, on sent une structure se dessiner dans les mouvements de longue durée. Prévision et régulation sont des principes à respecter tous les jours. Risquer, perdre et gagner !

MEIRIEU Philippe, **Apprendre..., oui, mais comment ?** et **L'école, mode d'emploi**, ESF Éditeur, 1990

« L'apprentissage ne se décrète pas, il s'effectue, pour chacun, de manière active et singulière. »

MEIRIEU Philippe, DEVELAY Michel, **Emile, reviens vite… ils sont devenus fous**, ESF Editeur, 1993
« Les auteurs se placent résolument du côté de l'élève, en s'efforçant de distinguer avec lui ce qui l'aide à grandir de ce qui l'abîme, ce qui promeut son humanité de ce qui le condamne à la dépendance ou à la violence. »

MINC Alain, **La machine égalitaire**, Le Livre de Poche, 1988
« *Tout un ensemble de procédures, mécanismes ou institutions qui travaillent à réduire les inégalités. Mais la machine est, presque partout, en train de se gripper. Aujourd'hui, l'école est en concurrence avec la télévision, avec la rue, avec un savoir diffus, indistinct, déstructuré et pourtant intense…* »

OTTENHEIMER Ghislaine, **Poison présidentiel**, Éditions Albin Michel, 2015
« La France n'arrive pas à s'adapter ? Et si c'était la faute de nos institutions ? Des institutions qui paralysent le pays. Un monarque qui décide de tout, mais, sans le moindre résultat. » Aucune réforme n'est possible dans notre pays soumis à la dictature des élites en place.

PIAGET Jean, *Où va l'éducation*, Folio Essais, 1988
« Toute réforme de l'enseignement doit commencer par l'information des maîtres. Ainsi, les méthodes dites actives, l'éducation préscolaire, la recherche interdisciplinaire deviendront autre chose que des mythes. La fin du professeur conférencier. Comprendre, c'est inventer. »

PROST Antoine, *Éloge des pédagogues*, Seuil, 1985
« *Les passions sur le problème scolaire engagent le débat public dans une voie sans issue ; l'affrontement des certitudes ne mène nulle part et la bataille des affirmations sans preuves lasse, sans faire avancer les choses. Il est indispensable, il est urgent de changer de registre et de situer le débat scolaire sur un autre terrain : celui des faits.* »

PROST Antoine, *Du changement dans l'école. Les réformes de l'éducation de 1936 à nos jours*, Seuil, 2013
« *À la limite, on peut tout changer dans l'Éducation nationale, sauf la façon d'enseigner.* » Ce qui en dit long sur les problèmes de l'école...

PÜTZ Jean, KIRSCHNER Monika, *Lebenelixiere aus Indien*, Taschenbuch, 2004
De bons conseils pour rester zen.

SCHOLL-LATOUR Peter, *Der Weg in den neuen* **Kalten Krieg**, Propylaen Verlag, 2008
Un grand humaniste qui a nourri la fin du 20e siècle de ses réflexions sévères sur l'évolution du monde. « *Demokratie hat niemals existiert...* » « *Die aktuellen Konflikte hat er seit langem vorausgesehen. Sie alle sind die Vorzeichen eines neuen Kalten Krieges, den der Westen nur verlieren kann.* » L'auteur avait prévu depuis longtemps les conflits actuels. Ils sont, tous, les signes avant-coureurs d'une nouvelle guerre froide que l'Ouest ne peut que perdre. Que n'a-t-on vendu les Mistral aux Russes sans faire d'histoires ! Notre commerce extérieur en avait pourtant bien besoin. Désormais, les Russes vont se tourner vers la Chine, à notre grand détriment !

SPITZER Manfred, *Lernen*, Spectrum Verlag, 2007
L'auteur, neurologue, met en concordance le fonctionnement du cerveau et les apprentissages. La neuroplasticité est bien mise en évidence. L'intelligence résulte de l'expérience du passé de chacun. Livre extrêmement riche quant aux expériences réalisées et aux recherches bibliographiques.

SPITZER Manfred, *Digitale Demenz*, Droemer HC Verlag, 2012
« *Exzessive Computernutzung bei Kindern kann zu Kontrollverlust, zu sozialem Abstieg, zu einer Depressionen führen…* » L'utilisation excessive des ordinateurs peut conduire à la perte de contrôle, à la désocialisation, à la dépression…

THEYTAZ Philippe, *Motiver pour apprendre*, Éditions Saint-Augustin, 2007
« *Je suis motivée quand j'ai cette énergie qui me vient de je ne sais où. Quand j'ai un projet, quand je sens déjà la satisfaction de l'avoir réalisé, d'avoir réussi. Quand j'ai un but et les moyens pour l'atteindre. Quand il y a du sens et qu'on me dit à quoi ça sert. Quand je sens que j'ai du pouvoir sur ce que je vais faire, et que ça dépend en grande partie de moi. J'aime bien quand je peux faire seule. Quand je peux oser... prendre le risque de me tromper.* » Bravo Mélissa, vous êtes tout à fait dans le vrai !

WINTERHOFF Michael, *Warum unsere Kinder Tyrannen werden*, Gütersloher Verlagshaus, 2008
Le titre est suffisamment éloquent !

Table des matières

- Avant-propos 9
- Les enfants naissent programmés
  pour apprendre 13
- Ce qui doit être dit du système éducatif !
  Le devoir d'expression ! 17
- Des citations à lire et à relire 23
- Que pensent les Allemands de leur propre
  système éducatif ? 27
- Vers des générations futures intelligentes
  et sereines 31
- Bonjour Bébé ! 39
- Parents motivateurs… merci ! 43
- Vous dites démocratie ? 49
- « *On ne pense pas, Monsieur,
  on ne pense pas…* » 53
- Apprendre à l'écossaise 57
- Des idées innovantes inspirées de
  l'enseignement en Écosse 59
- QCM - Sciences générales 64
- Une réponse à l'échec scolaire 69

- Laissons-les apprendre !
  Emploi des fiches de travail 79
- Les réformes indispensables pour un système
  éducatif performant 89
- Les six propositions éducatives
  de « Nous Citoyens » 97
- L'aide aux devoirs pour les internes d'un lycée 99
- Motivation et dopamine :
  le duo gagnant pour réussir ! 105
- Des méthodes éducatives alternatives
  de plus en plus suivies 111
- Des principes éducatifs
  à respecter à la maison 115
- Le projet personnel : cap sur la vie…
  et sur Albuquerque ! 121
- Cliquer à l'excès déclique le cerveau 125
- Quelques ateliers scientifiques de sept à treize ans ... 129
- Le site physique-chimie.fr 135
- L'Ayurveda indien pour l'équilibre 137
- Quelques commentaires recueillis
  au hasard des rencontres 141
- Épilogue 145
- Bibliographie 147

656866 - Mai 2016
Achevé d'imprimer par